中公文庫

東洋哲学覚書

意識の形而上学

『大乗起信論』の哲学

井筒俊彦

中央公論新社

目次

東洋哲学 覚書

意識の形而上学

——『大乗起信論』の哲学

第一部　存在論的視座

I　序

誰が書いたのか知らない（仏教思想史の古伝承ではインドの馬鳴《めみょう》菩薩の作ということになってはいるが、馬鳴といっても、どの馬鳴か、それが問題だ。馬鳴 Aśvaghoṣa アシュヴァゴーシャという名の思想家はただひとりだけとはかぎらないからである）。

従って、いつどこで書かれたものであるか、正確にはわからない。もともと何語で書かれた作品かもわからない（現に我々の手元にある『大乗起信論』のテクストは新旧二つの漢訳本だけである。漢訳というからには、原語はサンスクリットだろうと想像されるが、これにも語法上の疑問がある。実は初めから中国語で書かれた偽書であるかもしれないのだ。）

だが、それでいて、出所不明、あるいは出自不確実の、（外見上は）片々たる小冊子にすぎないこの本は、大乗仏教屈指の論書として名声を恣にし、六世紀以後の仏教思想史の流れを大きく動かしつつ今日に至った。

当然、『起信論』古来の註釈書、研究書の類は、すでに相当の量にのぼる。いまさら、もうひとつの註釈書をその数に加えるつもりは、私にはない。『起信論』の言葉を全部、現代の日本語で翻訳再現しようとするのでもない。私のこの小論の意図するところは全然それとは違うところにある。

『大乗起信論』は、疑いもなく、本質的に一の宗教書だ。

だが、この本はまた仏教哲学の著作でもある。私は、いま、特にこの第二の側面に焦点を絞って『起信論』を読みなおし、解体して、それの提出する哲学的問題を分析し、かつそこに含まれている哲学思想的可能性を主題的に追ってみたいと思う。つまり、この論書が顕在的に言表し、あるいは潜在的に示唆している哲学的プロブレマティークの糸を、できるところまで辿ってみようとするのだ。

要するに、私が年来考え続けている東洋哲学全体の、共時論的構造化のための基礎資料の一部として、『起信論』という一書を取り上げ、それの意識形而上学の構造を、新しい見地から構築してみようとするのである。

東洋哲学全体に通底する共時論的構造の把握――それが現代に生きる我々にとって、どんな意義をもつものであるか、ということについては、私は過去二十年に亙って、機会あるごとに繰り返してきたので、ここでは多くを語らない。要は、古いテクストを新しく読むということだ。「読む」、新しく読む、読みなおす。古いテクストを古いテクストとしてではなく……。貴重な文化的遺産として我々に伝えられてきた伝統的思想テクストを、いたずらに過去のものとして神棚の上にかざったままにしておかないで、積極的にそれらを現代的視座から、全く新しく読みなおすこと。切実な現代思想の要請に応じつつ、古典的テクストの示唆する哲学的思惟の可能性を、創造的、かつ未来志向的、に読み解き展開させていくこと。

どの程度の成果が期待できるか、自分にはわからないが、とにかく私は、およそこのような態度で東洋哲学の伝統に臨みたいと考えている。『大乗起信論』をテーマとするこの小論は、その試みの、ささやかな一歩にすぎない。

II 双面的思惟形態

いま述べたような哲学的読みを目的として『起信論』のテクストを取り上げる場合、我々は先ず二つの顕著な特徴に出逢う。

その一は、思想の空間的構造化ということ。「心《しん》」（後述）とか意識とかいう非空間的な内的機能を主題としながら、『起信論』の形而上学的思惟はそれをどこまでも空間的、領域的に構想する。この操作によって、本来の時間性を離脱した「心」は有限・無限の空間的拡がりとして表象され、その形で第一義的に構造化される（ベルグソンの顰め顔が目に見えるような！）。

しかし思惟のこの空間性は、『起信論』哲学の構造全体を支配する根本的な考え方の基底だから、いまここではこれ以上論究しないでおくことにしよう。

『起信論』の思想スタイルの第二の特徴は、思惟が、至るところで双面的・背反的、二岐分離的、に展開するということである。言い換えるなら、思惟の進み方が単純な一本線でない、ということ。そこに、この論書の一種独特の面白さ、と難しさ、とがある。

全体が、一分の隙もなく、ガッシリと論理的に組立てられ、一糸乱れず理路整然たる構造体の観を呈してはいるが、その内部に踏みこんでみると、強靱で柔軟な蛇行性を以て思惟が流れているのを、我々は見出す。

思考展開の筋道は、至るところ、二岐に分かれ、二つの意味指向性の極《テロス》のあいだを、思惟は微妙な振幅を描きながら進んで行く。右に揺れ左に揺れ戻りつつ展開する思惟の流れに、人はしばしば路を見うしなう。要するに、一見単純な論理的構成にもかかわらず、『起信論』の思惟形態は、直線的ではないのだ。だから、このような思考展開の行き方を、もし我々が一方向的な直線に引き伸ばして読むとすれば、『起信論』の思想は自己矛盾だらけの思想、ということにもなりかねないだろう。

いま述べた思惟展開のこの強力な二岐分離的傾向は、『起信論』に使われている多くの（というより、ほとんど全ての）基本的術語、キーターム、の意味構造の双面性・背反性となって結実する。詳細は本文の叙述に譲ることにして、ここでは、無数の例の中から一つ二つだけ挙げておこう。

例㈠『起信論』だけでなく大乗仏教全般を通じて枢要な位置を占めるキータームの一つ、「真如」。この語の意味の取り方は様々だが、『起信論』の立場からすると、「真如」は（後で詳しく論述するとおり）、第一義的には、無限宇宙に充溢する存在エネルギー、存在発現力、の無分割・不可分の全一態であって、本源的には絶対の「無」であり「空」（非顕現）である。

しかし、また逆に、「真如」以外には、世に一物も存在しない。「真如」は、およそ存在する事々物々、一切の事物の本体であって、乱動し流動して瞬時も止まぬ経験的存在者の全てがそのまま現象顕現する次元での「真如」でもあるのである。

この意味で、「真如」は先ず存在論的に双面的である。一方において、それは「無」的・「空」的な絶対的非顕現、他方においては「有」的・現象的自己顕現。このように双面的・背反的であるからこそ「真如」は「真如」なのであって、もしそうでなければ、存在エネルギーの全一態としての真実在とか、そのエネルギーの全顕現的奔出とかいうことは考え得られないであろう。一見、「真如」と正反対の、いわゆる「無《む》明《みょう》」（＝妄念）的事態も、存在論的には「真如」そのものにほかならないのだ。この存在論的事実を信仰的言辞の価値づけ原理に移して表現すれば「煩悩即菩提」ということになろう。哲学的には、「色即是空、空即是色」とも。要するに「真如」は二岐分離しつつ、別れた両側面は根元的平等無差別性に帰一するのである。

以上は、存在論的双面性の問題だが、「真如」にはこれとはもう一つ別の秩序の双面性がある。それは、プラス・マイナス（正・負）の符号づけ秩序であって、特に倫理学・道徳論に関わる思想の領野において決定的な重要性を帯びて現われてくる。この観点からすると、「煩悩即菩提」どころではない。「真如」は「無明」（＝妄念、妄想）と正面きって対立するのだ。いま見たように、「無明」的事態は全て本源的に、「真如」それ自体の一側面であるのに……。

この観点に立つとき、『起信論』は「真如」を現象態と非現象態とに分け、前者にマイナス符号、後者にプラス符号をつけて、相互矛盾的対立関係に置く。すなわち、現象的事物事象の世界（我々の経験的存在の世界）は、隅から隅まで「妄念」の所産であって、いわゆる現実は、本来的に妄象の世界とされるのである。

こうして、この視点から見ると、「真如」の非現象態と現象態とは、互いに鋭く対立し、これら相矛盾する二側面が、一方はプラス符号、他方はマイナス符号を帯びて、「真如」において同時成立している、ということになる。

かくて「真如」を対象とする我々の思索は、ここでもまた、必然的に双面的・背反的となる。二つの相反する意味志向性の対立が、「真如」をめぐる思惟をして、逆方向に向う二つの力の葛藤のダイナミックな磁場たらしめずにはおかないのだ。

意味志向性のこの二重構造に目隠しされることなく、それを超出して、事の真相を、存在論的、かつ価値符号的双面の「非同非異」性において、そのまま無矛盾的に、同時に見通すことのできる人、そういう超越的綜観的覚識をもつ人こそ、『起信論』の理想とする完璧な知の達人（いわゆる「悟達の人」）なのである。

例(二)　いま述べた「真如」と意味論的に密接不離の関係をもつキーターム「アラヤ識」（阿梨耶識）がある。この語が何を意味し何を意味しないか、そしてまた『起信論』の解する「アラヤ識」が、唯識哲学の術語としての「アラヤ識」の意味と、どこまで共通し、どこで相違するか、は本小論の重要テーマの一つだから、後で詳説することにして、ここではただ、それの双面性に関わるところだけをごく手短に述べておこう。

『起信論』的「アラヤ識」は、何よりも先ず、「真如」の非現象態と現象態（＝形而上的境位と形而下的境位）とのあいだにあって、両者を繋ぐ中間帯として、空間形象的に、構想される。「真如」が非現象的・「無」的次元から、いままさに現象的・「有」的次元に転換し、それ本来の寥廓たる「無」（＝「本来無一物」）の境位を離れて、これから百花繚乱たる経験的事物事象（＝意味分節体、存在分節体）の形に乱れ散ろうとする境位、それが『起信論』の説く「アラヤ識」だ。非現象態（＝「無」の境位）から現象態（＝「有」の境位）に展開し、また逆に現象的「有」から本源の非現象的「無」に還帰しようとする「真如」は、必ずこの中間地帯を通過しなければならぬ。そういう基本構造を、『起信論』の想定する「アラヤ識」はもっている。だから、「アラヤ識」は、当然、双面的、背反的だ。

従ってまた、我々が存在の現象態（＝いわゆる経験的世界）を、どう価値づけるか（＝

正とするか負とするか）によって、「アラヤ識」の価値符号が正反対になる。現象的事物の世界を、「真如」の本然性からの逸脱、すなわち、全て我々の「妄念」の生み出した妄象と見るなら、それの始点となった「アラヤ識」は負。「真如」それ自体の存在展開、「真如」の自己分節の姿、と見るなら、「アラヤ識」は正。

「アラヤ識」＜
限りない妄象現出の源泉（存在分節否定の立場）
「真如」の限りない自己開顕の始点（存在分節肯定の立場）

かくて「アラヤ識」をめぐる『起信論』的思惟は、おのずから二岐分裂して、互いに相反する方向に展開して行かざるを得ない。非現象と現象とのあいだに跨る双面的思惟。この事態を『起信論』のテクストは、「不生滅（＝非現象性）と生滅（＝現象性）と和合して、一に非ず異に非ず（＝両方が全く同一であるというわけではないが、そうかといって互いに相違するというわけでもない）」という自己矛盾的一文で表現する。そしてこの意味で、『起信論』は「アラヤ識」を「和合識」と名づける。

　右にあげた二例、「真如」と「アラヤ識」とは、『起信論』を根本的に色づける思惟双面性・背反性の代表的タイプを示す。類例は枚挙に遑がない。以下、テクストを読み進めていくにつれて我々は、ほとんど全ての術語の内部構造において、同じ意味論的事態を見出すであろう。

III　「真如」という仮《け》名《みょう》

　一般に東洋哲学の伝統においては、形而上学は「コトバ以前」に窮極する。すなわち形而上学的思惟は、その極所に至って、実在性の、言語を超えた窮玄の境地に到達し、言語は本来の意味指示機能を喪失する。そうでなければ、存在論ではあり得ても、形而上学ではあり得ないのだ。

　だが、そうは言っても、言語を完全に放棄してしまうわけにもいかない。言語を超え、言語の能力を否定するためにさえ、言語を使わなくてはならない。いわゆる「言詮不及」は、それ自体が、また一つの言語的事態である。生来言語《ロゴス》的存在者である人間の、それが、逆説的な宿命なのであろうか。

この点に関して、人はよく偉大なる「沈黙」について云々する。あたかも、形而上学的体験の極所においては、じっと黙りこんでしまいさえすれば、それで全ての問題が解決するかのように。

だが、皮肉なことに、「沈黙」は「コトバ」へのアンチテーゼとしてのみ体験的意義を発揮するのだ。言語を否定するための「沈黙」もまた、依然として言語的意味連関の圏内の一事項にすぎない。

元来コトバにはなんの関係もない路上の石ころの「沈黙」にも深玄な意味がある、と言う人があるが、そもそも石ころの「沈黙」に深玄な意味を賦与するのは、人間の意味志向的意識であることを憶うべきである。「沈黙」は、決して言語の支配圏を超越しきってはいないのだ。まして、形而上学の樹立を目指す哲学的思惟の場合、いたずらに「沈黙」を振りかざしてみても、いささかも問題の解決になりはしない。いかに言語が無効であるとわかっていても、それをなんとか使って「コトバ以前」を言語的に定立し、この言詮不及の極限から翻って、言語の支配する全領域（＝全存在世界）を射程に入れ、いわば頂点からどん底まで検索し、その全体を構造的に捉えなおすこと――そこにこそ形而上学の本旨が存する。そしていま、『大乗起信論』は、まさにそれを試みようとするのである。

右のような事態にかんがみて、東洋哲学の諸伝統は、形而上学の極所を目指して、さまざまな名称を案出してきた。曰く「絶対」、曰く「真（実在）」、曰く「道《タオ》」、曰く「空」、曰く「無」等々。いずれも、本来は絶対に無相無名であるものを、それと知りつつ、敢えて、便宜上、コトバの支配圏内に曳き入れるための仮りの名（『起信論』のいわゆる「仮名《けみょう》」）にすぎない。

プロティノスの「一者」という名もまた然り。「一者《ヘン》」（to hen）という名称が、純然たる仮名にすぎないことを、プロティノス自身が次のように明言している（*Enn.* IV）。曰く、自分が「一者」という名で意味しようとしているものは、本当は一者でも何でもない。それは「有の彼方（epekeina ontos）」「実在性の彼方（epekeina ousiās）」「思考力の彼方（epekeina noū）」なるもの、つまり言詮の彼方なる絶対窮極者なのであって、それにピタリと適合する名称などあるはずがない。しかし、そんなことを言っていては話にならないので、「強いて何とか仮りの名を付けるために、止むを得ず、一者と呼んでおく」。またそれに言及する必要がある場合「かのもの(ekeĩno)」という漠然として無限定的な語を使ったりもするが、「実は、厳密に言えば、かのものともこのものとも言ってはならないのである。どんな言葉を使ってみても、我々はいわばそれの外側を、むなしく駈け廻っているだけのことだ」(*Enn.* VI, 9)と。意識と存在のゼロ・ポイントの本源的無名性と、「一者」という名の仮名性とを説き尽して余すところなし、というべきであろう。

これと全く同じ趣旨で、『起信論』は「真如」という仮名を選び取る。この語が一つの仮りの名、すなわち便宜的な符丁にすぎないことを、『起信論』のテクストは次のように明言する。

「一切諸法(=全ての存在分節単位、一切の内的・外的事物事象)は、ただ妄念(=意識の意味分節作用)に依りて(相互間の)差別有るのみ。もし心念(=分節意識)を離るれば、則ち一切の境界(=対象的事物)の相(=形姿)なし。是の故に、一切の法は、もとよりこのかた（＝本来的には）言《ごん》説の相（＝コトバで表わされる意味単位としての事物の様相）を離れ、名《みょう》字（＝個々別々の事物の名称）の相を離れ、心縁（＝思惟対象）の相を離れ、畢竟《ひっきょう》（＝本源的には）平等（＝一切の存在にわたって絶対無差別）にして、変異あることなく破壊《はえ》す可からず、唯だ是れ一心（＝絶対全一的な意識）のみなるを、故《ことさら》に（＝強いて）真如と名づく。」

「一切の言《ごん》説は仮《け》名《みょう》にして実《じつ》なく、ただ妄念に随えるのみにして不可得（＝コトバでは存在の真相は把捉できない）なるを以ての故に、真如と言うも、また相（＝この語に対応する実相）の有ることなし。言説の極（＝コトバの意味指示作用をギリギリのところまで追いつめて）、言《ごん》に依りて言を遣《や》るを謂うのみ（＝コトバを使うことによって、逆にコトバを否定するだけのこと）……」

「当《まさ》に知るべし、一切の法は（＝本源的には）説く可からず、念ず（＝思惟す）可からず。故に（＝こういう事情をはっきり心得たうえで、敢えて）真如となす（＝真如という仮名を使う）なり」と。

「真如」とは、字義どおりには、本然的にあるがままを意味する。「真」は虚妄性の否定、「如」は無差別不変の自己同一性。もとサンスクリットの tathatā の漢訳で、原語的にも「ありのまま性」の意。真にあるがまま、一点一画たりとも増減なき真実在を意味する、とでも言っておこうか。

だが、この語が仮名にすぎないということは、一体、どういうことなのであろうか。さきに列挙したいろいろな名称が、全部、仮名であることを我々は承知している。それらのどの一つも本当の名でないならば、どの名を選んで形而上学的窮極者の名としても、結局、同じことなのであろうか。「真如」の代りに、例えば「道《タオ》」とか「無」とかいっても同じことなのか。いや、決してそんなことはない。「真如」と「道」と「無」との間には、歴然たる違いがある。それぞれの術語の背景にある言語的意味のカルマが違うからだ。同じく意識と存在のゼロ・ポイントを指示するにしても、例えば「真如」と「道」では、意味指示のアプローチが、文化パタン的に、全然違っている。では、なぜそんなことになるのか。

仮名にせよ何にせよ、あるものに何々という名をつけることは、たんに何々という名をつけるだけのことではない。命名は意味分節行為である。あるものが何々と命名されたとたんに、そのものは意味分節的に特殊化され特定化される。「真如」という仮名によって名指される意識と存在のゼロ・ポイントは、「道」という別の仮名によって名指される意識と存在のゼロ・ポイントとは、それぞれの文化パタン的含意の故に、意味指示的に別物である。

我々はここで、どうしても意味分節ということに考察の焦点を合わせなければならない。

IV　言語的意味分節・存在分節

前章で一言したように、ネオ・プラトニズム的哲学伝統の絶頂をなすプロティノスは、己れの考想する形而上学的存在体系の極点を「一者」と名づけながら、これは仮名であって本名ではない、本当は「一者」には全く名が無いのだ、と主張する。名が無い、とは言語を絶対的に超越する、ということ。「一者」は、厳密にはこれを「一者」とも呼べないことは勿論、あらゆる形でのコトバの接近を拒否するところの「口では言えないもの」（アッレートン to arrēton）であると言う。こんな主張をコトバですること自体、実は、皮肉きわまる規則違反（！）であることは重々承知の上で……。

形而上学的思惟の極限に至って、なぜ言語が、その意味指示的有効性を喪失してしまうのか。

それは、この極限的境位においては、「形而上的なるもの」は絶対無分節だからである。無辺際、無区分、無差別な純粋空間の、ただ一面の皓蕩たる拡がり。このようなものを、このようなものとして、そのまま、把捉することにおいては、言語は完全に無能無力である。

このことは、言語が元来、意味分節（＝意味による存在の切り分け）を本源的機能とするということを物語っている。対象を分節する（＝切り分け、切り取る）ことなしには、コトバは意味指示的に働くことができない。絶対無分節的な「形而上学的なるもの」を、例えば「真如」と名づけたとたんに、それは真如なるものとして切り分けられ、他の一切から区別されて、本来の無差別性、無限定性、全一性を失ってしまう。だからこそ『起信論』は、「真如」という語を使いながら、それをあくまで仮名にすぎないと強調し、仮名だ、仮名だ、本名と間違えてはいけない、とあれほど繰り返すのだ。

「言《ウモ》ニ真如《ト》一亦《タ》無《シ》レ有《ルコト》レ相」（＝「真如」とは言うけれども、この特定の語が喚起するような意味イマージュに該当する客観的事態が実在するわけではない）と。

上来、私は既に何遍も、決定的重要性をもつキータームとして、「分節」という語を使ってきた（ついでながら、仏教古来の術語に「分別《ふんべつ》」という語——原サンスクリット vikalpa——があって、ほぼ「分節」と同義である。しかし「分節」とならべて見ると、「分別」は、少くとも現代日本語の口語的用法では、道徳論的含意の響を強くもちすぎるので、思想の純哲学的構造化を目指す本小論の本旨には適さない）。

右に一言したように、「分節」とは、字義どおり、切り分け、分割、区劃づけ、を意味する。区劃機能を行使するものは、この場合、コトバの意味。つまり、ここでいう「分節する」とは、本源的に、言語意味的事態である。我々の実存意識の深層をトポスとして、そこに貯蔵された無量無数の言語的分節単位それぞれの底に潜在する意味カルマ（＝長い歳月にわたる歴史的変遷を通じて次第に形成されてきた意味の集積）の現象化志向性（＝すなわち自己実現、自己顕現的志向性）に促されて、なんの割れ目も裂け目もない全一的な「無物」空間の拡がりの表面に、縦横無尽、多重多層の分割線が走り、無限数の有意味的存在単位が、それぞれ自分独自の言語的符丁（＝名前）を負って現出することと、それが「分節」である。我々が経験世界（＝いわゆる現実）で出遇う事物事象、そしてそれを眺める我々自身も、全てはこのようにして生起した有意味的存在単位にすぎない。存在現出のこの根源的事態を、私は「意味分節・即・存在分節」という命題の形に要約する。

いま述べたような意味での「分節」が、具体的にどんなものであるか、は形而上学的思惟の極限（＝意識と存在のゼロ・ポイント）において最も端的に看取される。本論の主題をなす『起信論』の説く「真如」や、プロティノスの語る「一者」だけではない。先刻挙げた様々な思想伝統を代表する仮名の示唆するものは全て、「形而上学的なるもの」の極限的境位について、同じ「分節」の問題を提起する。例えば老荘の「道《タオ》」。「道」は老荘的思惟の考想する真実在のあり方だが、それは、極限的には絶対の「無」であり「無名」（『老子』）である。「無名」、名をもたない、すなわち、絶対無分節であるということ。「夫れ道は、未だ始めより（＝本源的境位においては）封（＝分割線、区劃線）有らず」と荘子は言う。それは、ただ純粋な「無」の空々漠々たる拡がり、渺茫たる絶対無分節の浄域、「広莫の野」。現象的事物は、そこには影すらない。

この絶空の平面に、言語の下意識的な存在分節的働きで、数かぎりない事物（＝意味分節的区劃、「封」）が現出してくる。『老子』のいわゆる「無名」──→「有名」の転換だ。

「道」という仮名によって示唆される絶対実在の「無」的、「無名」的、極限境位を、荘子は彼一流のミュトス的形象に映して「混沌」の神のイメージを描く。この場合、「渾沌」とは、普通の意味でのカオス、すなわち種々様々なものがゴチャゴチャに混在している状態、ではなくて、まだ一物も存在していない非現象、未現象の、つまり絶対無分節の、「無物」空間を意味する。

その昔、まだ現象世界が存在していなかった太古の時代に、「渾沌」の神が居た、と荘子は語り出す。この神の顔は目も鼻も口も耳もない全くのノッペラボウ。同情した友人の神々が、苦心惨憺してその顔の表面に「穴」を鑿《ほ》ってやる。ところが、「穴」が全部鑿りあがって、目と鼻と口と耳が開いたとたん、「渾沌」の神はパッタリ死んでしまったのだった、と。

想像的形象性豊かなこの説話の語る「渾沌」の死は、たんに死んで居なくなってしまった、ということではない。むしろそれは実在の決定的な次元転換を意味する。絶対無分節の、本源的非分節、から分節態へ。非現象性から現象性への存在的次元転換――というより次元転落という方が荘子の真意に近いか――である。とにかく、コトバの意味分節機能にはこのような存在論的作用がある、ということだ。

存在世界の現出における言語の意味分節機能の決定的重要性を、より端的に示すものとして、ウパニシャド・ヴェーダーンタ哲学の名色論がある。「名色」(nāma-rūpa「名とかたち」、すなわち、語とそれの喚起する意味形象)。

ヴェーダーンタ哲学では、「形而上的なるもの」は「梵」(ブラフマン)と呼ばれる。「梵」もまた、その窮極の境位においては絶対無分節であって、それを特に「上梵」(または「無相ブラフマン」nirguṇa-Brahman)と呼び、それに対立する現象的分節態におけるブラフマンを「下梵」(または「有相ブラフマン」saguṇa-Brahman)と名づける。

シャンカラをはじめとする不二一元論的ヴェーダーンタ哲学の思想家たちは、絶対無分節態における「上梵」に対して我々の現象世界は、同じく「梵」ではあっても「下梵」であり、「名とかたち」の存在次元であることを強調する。この場合、「名」とは意味分節の標識としての語《コトバ》であり、「かたち」とは、事物の外形だけではなく、皿なら皿という名称の指示するものの属性、用途など、そのものを限定的に構成する一切を含意する。

上述したように、「分節」というのは、区劃し、分割し、分別し、分開させること。もともと分割線が引かれていない、いわば未分の塊りのごときカオス状の「無物」空間の表面に言語的分割線（すなわち意味表象的境界線）を引いていく。「名」が付くと、それぞれのものは、語の意味形象的差異性によって、相互差違的に自己同一性を得る。つまり、一々が有意味的存在モナドとして現象してくるのだ。こうして、我々が現にそこに生きている現実世界は、無数の「名」によって現象する重々無尽の意味連関組織、意味分節単位の網目構造、としての力動的な全体性であり、内的緊張に充ちた全包摂的意味分節磁場なのである。そして、それがウパニシャッド・ヴェーダーンタの形而上学的―存在論的思惟の発端となるのだ。「名」、すなわちコトバ、の介入なしには、形而上学が存在論に展開することはあり得ない。いや、「形而上学的なるもの」の「無」的極限それ自体すら、「名」の排除という形で、否定的に深くコトバに関わってくるのであって、そのことは、「真如」の仮名性を論じたとき、すでに我々の覚証したところである。

ヴェーダーンタの「名色（＝名とかたち）」思想が問題になるとき、よく引用される『チャーンドーギャ・ウパニシャド』(*Chāndogya-Upaniṣad*) の一節 (VI, 1) が、この事態を次のように説明している。勿論、全体が比喩的言辞だ。曰く、一塊の土を手に取り、様々に切り分け、それを材料としていろいろな器物を作り出す――茶碗、皿、鉢、壺、等々。それらは全部、「名色」的相互差異性によって、それぞれ別のものである。が、それらのどのひとつを取って見ても、土である。茶碗、皿、鉢、壺、等々、全てが土であるということは共通で、その点ではまったく何の違いもない。違いはただ、それぞれの「名とかたち」(＝言語意味分節的単位としてそれぞれが獲得した自己同一性) による。土であることは全部に共通する実在性の真相。個々別々の器物は、「名とかたち」、すなわちそれを指示する語《コトバ》と、その語の喚起する意味分節形象の違いのみ、と (もっとも、ここで「名色」以前の実在性の真相とされている士も、比喩的言語のコンテクストをはずして考えれば、意味分節による「名色」的自己同一性にすぎないことは、言うまでもないのだが……）。

誰でも日常経験している事態のこの描写は、無分節的「梵」と、それの現象的分節態とのあいだの形而上学的・存在論的関係を、ごく卑近な比喩によって巧みに説き明かす。現象的世界、すなわち千態万状のものの世界、の現出において言語の意味分節機能の果す役割がヴェーダーンタ哲学ではどのようなものとして考えられているかということは、もはや、多言を要さずして明らかであろう。

最後に、いままで述べてきた思想伝統とは全く系統の違う人格一神教的啓示宗教（イスラーム）のコンテクストにおいて、言語的分節の概念が、形而上学的にいかに枢要な働きをしているか、について一言して、「存在分節・意味分節」を主題とする本章を結ぶことにしよう（ちなみに、イスラーム哲学は西暦十三世紀に至って、初期のギリシャ哲学一辺倒の状態を脱して、独自の、真にイスラーム的と呼ばれるにふさわしい、哲学思想の創出期に入るのであって、創造性豊かなこの時期の発端を画する哲学者、イブヌ・ル・アラビー Ibn al-ʿArabī の、「存在一性論」として世に有名な形而上学を、ここではイスラーム哲学思想の代表として取り上げることにする）。

イスラームと言えば、人はすぐ唯一絶対の人格神、アッラーの名を憶う。それが常識だ。イスラームを信奉していない異教徒の場合だけでなく、普通一般のイスラーム教徒でもそのとおり。全存在世界を創造し、支配し、自ら存在そのものである神は、アッラーを措いてほかにはない。イスラームでは、正統的神学（＝教義学）の思想も哲学的思惟も、いやしくも存在とか実在とかを云々するかぎり、存在性・実在性の窮極の境位を必ず神アッラーとする。ごく当然のことであって、敢えて疑問を呈出するには当らない、と誰でも考える。

しかし、同じイスラームの正統派的哲学でも、イブヌ・ル・アラビーの「存在一性論」（wahdat al-wujūd）などになると、問題は急に複雑になってくる。宗教と信仰のコトバが神と呼ぶものを、彼は哲学のコトバの次元で「存在《ウジュード》」（wujūd）と呼び、しかもこの「存在」の窮極位を、プロティノスの「一者」のように存在の彼方におく。プロティノス的「実在性と思考の彼方」は、そのままイブヌ・ル・アラビーの「存在」に当てはまる、それが存在の彼方でありながら、しかも全存在世界の太源である点でも。

無名無相、それは一切の「……である」という述語づけを受けつけない。「神である」とすら言えない。神以前の神は、普通の意味での神ではないからである。だから、イブヌ・ル・アラビーにとって、「存在《ウジュード》」というのも、窮極的には一つの仮りの符丁であって、彼の考えている絶対的真実在の本当の名称ではない。

こうして、イスラーム哲学においても、「形而上的なるもの」は、その極限的境位においては、絶対無分節であって、一切のコトバを超え、「名」を超える。しかし、コトバを超え「名」を超えるこの真実在（「存在《ウジュード》」）には、自己顕現への志向性が、本源的に内在している。宗教的言辞で言うなら、「隠れた神」は「顕われた神」にならずにはいられないのだ。

自己顕現《タジャリー》（tajallī）へのこの本源的志向性に促されて、無名無相の「存在《ウジュード》」は、次第にヴェーダーンタのいわゆる「名とかたち《ナーマ・ルーパ》」の存在次元に降りてくる。その第一段が「アッラー」としての自己顕現の段階である。これは無分節者が無分節性を離れる第一歩である。つまりコトバの介入が、もうこの段階から始っているのだ。

事の真相を知るためには、我々は、「アッラー」という語が一つの「名」であることを忘れてはならない。イスラームの正統神学では、「アッラー」を神の「至大の名《イスム・アアザム》」(ism a'ẓam)とする。だが、至大であろうと至高であろうと、「名」は「名」なのであって、我々がすでにコトバの支配圏内に踏みこんでいることは明らかである。

さて、いまも一言したように、「アッラー」は、無名無相の絶対的真実在が、「名とかたち」によって自己分節する最初の段階であって、それに続いて無数の下位的「神名」が出現し、それらの意味連関構造が、いわゆる現象的存在世界を作り出す。

それら無数の「神名」(asmā' Allāh)各々の性格や、それらの相互関係を考究する思想分野を、伝統的なイスラーム神学では「神名論」と名づけ、教義学の重要な課目としてきた。教義学的には「神名」は神的「属性」(ṣifat Allāh)として取り扱われる。だが、現代哲学的に読みなおしてみれば、伝統的な「神名論(=アッラーの諸属性の研究)」が、結局、言語意味的分節論にほかならない、ということは指摘するまでもないであろう。ここで特に注目しておきたいのは、イスラーム哲学において、神的実在の自己顕現の全プロセスが、「アッラー」を第一段とする無数の「神名」の働きによって現成するとされていること、裏から言えば、すなわち、コトバの介入なしには存在の分節があり得ない、ということが、この上もなく明瞭に主張されている点である。

一見、分節論などというものから程遠く思われる人格一神教的啓示宗教の濃密な雰囲気のただ中で、およそこのような考え方が成立し得たということ——より具体的に言うなら、ユダヤ・イスラーム的宗教特有の、いわゆる神の世界創造説を、このような形で分節論的に読みなおし得たということ——は、最盛期のイスラーム思想界における思惟の形而上学的衝迫がいかばかりであったかを物語る。

無名無相の窮極的超越者が、「アッラー」を第一とする「神名」群を形相《イデア》的通路として、種々様々な存在者を分出創出し、ついに絢爛たる現象世界として自己顕現するに至ると説く「存在一性論」の哲学的思惟構造を、分節論的に解釈しなおすことによって、事実、我々は、「生ける神」アッラーへの熾烈な信仰に裏づけられたイスラーム的形而上学の真面目に触れることができるのではないか、と思う。

ウパニシャド・ヴェーダーンタ哲学の「名色論」にしても、イスラーム存在一性論の「神名論」にしても、「名」の存在論的重要性が異常なほどに強調されているのを我々は見た。これと同じ思想が、もっと端的な形で、先述した『老子』の「無名→有名」という存在次元転換のフォーミュラに言表されていた。

「無名」から「有名」へ。「無名」は「無」に等しい。『老子』によれば、およそいかなる「名」ももたないものは、ものではない。「名」があって、はじめて「無」が「有」になり、そこにはじめてものが出現する。西欧のキリスト教世界において、嬰児の命名式が一つの厳粛な事件であることが憶い合わされる。「名づけ」がものを、正式に、存在の場に喚び出すのだ。

「名」が、言語的意味分節の標識であるということは、もはや繰り返すまでもないだろう。

以上、私は幾つかの思想伝統を思いつくままに取り上げて、それらの提唱する、言語意味分節・即・存在分節的形而上学の様々に異なる形態を、大急ぎで通観した。だが、それにしても、私見によれば、言語意味分節論は東洋哲学――少くともその代表的な大潮流の一つ――の精髄であって、いったんこれについて語りだせば止めどなくなってしまう恐れがある。思い切って、このあたりで、一応、切りあげて、本論の直接の主題である『起信論』の「真如」概念の分節論的構造に話を戻すことにしよう。

V　「真如」の二重構造

『起信論』の考想する「真如」の内部構造の二重性または二層性は、前章に略述した分節論から見て、当然予測されるところであろう。

すでに小論の始めの部分で略述しておいたとおり、『起信論』の説く「真如」は、「アラヤ識」を考慮に入れないかぎり、基本的にはごく簡単な二階層構造である。すなわち、そこでは、実在は、一面において、本然的無分節性を守って絶対的に非現象態、他面において無数の分節単位の複雑に錯綜する意味連関として顕在する現象態。これらの相反する形而上学的・存在論的二側面が、「真如」において同時に存立しているのだ。

この事態は、第二章で指摘したように、「真如」に関する我々の思索の道を、おのずから二岐分開的たらしめる。言語を超越し、一切の有意味的分節を拒否するかぎりでの「真如」と、言語に依拠し、無限の意味分節を許容するかぎりでの「真如」と。前者を『起信論』は「離言《りごん》真如」、後者を「依言《いごん》真如」と名づける。

真如 ＜ 離言真如
　　　 依言真如

「離言」的側面だけが「真如」なのではない。「真如」の真相を把握するためには、我々は「離言」「依言」両側面を、いわば両睨みにし、双方を同時に一つの全体として見なければならない。

すでに何遍も言ったことだが、「真如」は、それ自体としては（すなわち形而上学の極処としては）絶対無分節であり、従ってコトバ以前（「離ル二言説ノ相ヲ一」）であるが、その下に拡がる言語的意味分節・存在分節の世界（すなわち、内的・外的事物事象の現象界）と無関係ではない。いや、無関係でないどころか、分節的存在界は、実は、隅から隅まで、根源的無分節「真如」自身の分節態にほかならないのだ。この意味では、現象世界も「真如」以外のなにものでもないのである。

こうして『起信論』的「真如」の、無有と万有のあいだにゆらぐ双面性を話題とするにつけ、私はプロティノスの説く「一者」の形而上学の双面性を憶う。プロティノスは言う（要約）、「一者」は全宇宙の絶対無的極点。一切の存在者を無限に遠く超脱して、言亡慮絶の寂莫たる超越性の濃霧の中に身を隠す独絶者。それでいてしかも「一者」は「万有の父《パテール》」として、一切者を包摂しつくして一物たりとも余すところがない。自らを、「有」の次元に開叙するとき、あたかも巨大な光源から光が四方八方に発散するごとく、縹渺と無限宇宙を顕現し、また反対に自らを収摂するときは、一切の存在者を自己に引き戻し、全世界を寥廓たる「無」の原点に帰入させて一物も余すところがない、と。

プロティノスの描く「一者」のこの形姿は、そのまま、ただちに以て『起信論』の「真如」の描写とするに足る。

すなわち、全現象界のゼロ・ポイントとしての「真如」は、文字どおり、表面的は、ただ一物の影すらない存在の「無」の極処であるが、それはまた、反面、一切万物の非現実的、不可視の本体であって、一切万物をうちに包蔵し、それ自体に内在する根源的・全一的意味によって、あらゆる存在者を現出させる可能性を秘めている。この意味で、それは存在と意識のゼロ・ポイントであるとともに、同時に、存在分節と意識の現象的自己顕現の原点、つまり世界現出の窮極の原点でもあるのだ。

いま述べた二側面を含む全一的「真如」を、本来の全一性において表示するために、上下二段の部分領域からなる一円として、その基礎構造を次頁のごとく略図化してみよう（一つの円を上下二段に切半するかわりに、両者をそれぞれ独立した二つの円として描くこともできよう。いずれにもせよ、「真如」をこのような形で図示することは、べつに私の独創的（！）アイディアというわけではない。「真如」のこれに類する図形化は、つとに、明治年間、当時の代表的仏教学者だった村上専精〔『起信論達意』明治二十四年刊〕によって提案されている）。

上段の半円（以下、便宜上A空間、またはA領域とする）は、割れ目も裂け目もない一面

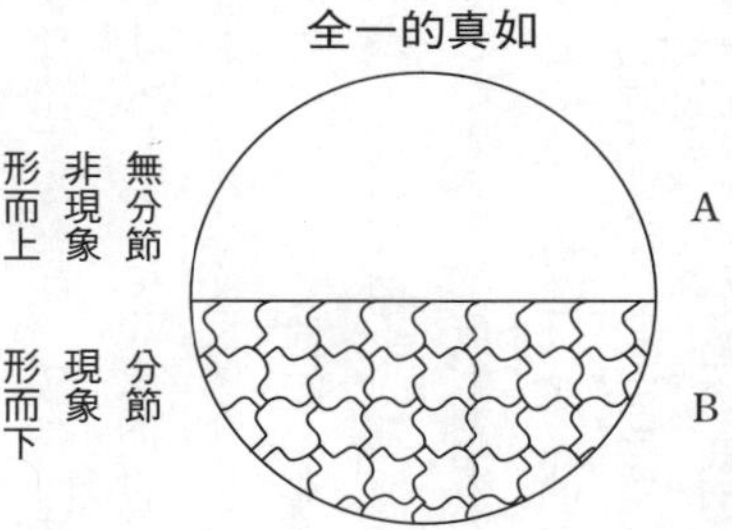

のブランク・スペースで、言詮不及の無分節態。下段の半円（以下、B空間、またはB領域とする）は、無数の有意味的存在単位からなる分節態。A空間は絶言絶慮の非現象における「真如」、B空間は現象的存在界に展開した次元での「真如」。Aは、元来コトバにならないことは勿論、心に思い描くことすらできない（「離《レ》二名字《ノ》相《ヲ》一、離《ル》二心縁《ノ》相《ヲ》一」）「真如」の形而上的極限を、無理に空間的表象であらわしたものであり、Bは、言語と意識とが、「アラヤ識」をトポスとして関わり合うことによって生起する流転生滅の事物の構成する形而下的世界を表示する。

ここで注意すべきことは、B空間なるものが、A空間との関連において、形而上学的・存在論的に、二重の意義をもち得るという事実、言い換えれば、A空間にたいするB空間のプラス・マイナス的価値づけが根本的に二岐分離的だということである。

すなわち、我々がもしB空間だけを認知して、それの実在性を信じ、流転生滅の現象的事物の存在次元のみが唯一の実在世界だと思いこむなら、『起信論』の立場からすれば、B空間は忽ち「妄念」の所産に転落する。つまり、B空間は存在論的妄想の世界で、A空間だけが「真（如）」であるということになる。

これに反して、我々がもしB空間は、ほかならぬA空間そのものの本然的自己分節の姿であって、A—B双面的な全体こそ、全一的真実在としての「真如」であることを覚知するなら、B空間は、そのとき、「妄念」の所産であることをやめ、現象的存在次元において現象的事物事象として働く真実在それ自体、つまり形而下的存在次元における「形而上的なるもの」、ということになる。「真如」は、妄心乱動する生滅流転の存在として機能しながら、しかもその清浄な本性をいささかも失うことはない、と考えるのである。

このように、無常遷流の現象的境位にありながら、己れの本性を一糸一毫も損失することなく存立する「真如」の側面を、『起信論』は「如来蔵」と呼ぶ。この術語（原語 tathāgata-garbha《タターガタ・ガルバ》 字義どおりには「如来の胎」）は、限りない存在生産性、無量無辺の自己分節の展開可能性を示唆する。B空間にマイナス価値符号をつけて、

「妄念」の機能磁場《フィールド》と見る代りに、逆にプラス価値符号をつけて、無限に豊饒な存在分節の場所と見る。それを如来蔵というのである（「如来蔵」の広義・狭義、その他の問題については、後に詳説する機会があろう）。

この小論の最初からここまで、我々は「真如」をほとんど唯一のテーマとして進んで来た。この辺で、考察の進路を少し変えてみよう。

進路の転向は、『起信論』のテクスト自体の示唆するところに従って、一つの新しいキーターム、「心《しん》」、を導入することによってなされる。外見的には、たった一語が新たに加わるだけのことだが、このキータームの導入とともに、思想的雰囲気は一変し、『起信論』哲学は全く新しい局面を示し始める。

たしかに、「真如」という語は、『起信論』の思想全体を通じて中心的位置を占める。その点だけは変ることはない。ただ問題は「真如」というこの仮名（符丁語）が極度に抽象的であること、あまりにも抽象的であることだ。だからこそ仮名なのだ、と言えばそれまでだが、とにかく、この語はこのままでは具体的なことを一切語らない。哲学的に（信仰的にもまた）思想を進めていくためには、もっと生々とした意味をもつ具象語が必要である、たとえそれによって、絶対的「離言」性の純度が失われてしまうにしても。

「真如」という極度に抽象的な仮名《けみょう》が漠然と指向しているものに対応し、それに近接する意味内容をもち、しかもそれより形象度の高い実語があるだろうか。この問いに答えて、『起信論』は「心《しん》」という語を提出する。意味把握の手掛かりの全然ない「真如」を、具体的形象のコトバに、いわば、翻訳するのだ。語るべからず念ずべからざる「真如」は、この具象性の次元まで引き下ろしてはじめて、語るべく念じ得べきものとなる。

いや、それどころではない。先刻も一言したとおり、『起信論』哲学の性格がガラリと変ってしまうのだ。抽象的「真如」の語には、無数の意味解釈の可能性があった。「真如」と言われても、我々はそれをどの方向に理解したらよいのか皆目わからなかった。ところが、「真如」を「心」と言い替えたとたんに、いままで茫漠として取りとめもなかった意味の拡がりが一挙に活性化し、ある方向にむかって引き絞られる。ある方向とは、いわゆる唯心論的な解釈の方向ということだ。

事実、常識的にも『起信論』は、仏教的唯心論の代表作とされている。

だが、それにしても、唯心論とは、そもそも何なのか。「心」の一字に力点を置いて、唯心論という語を唯「心」論と読みなおし、唯「心」論とは何か、ということが真剣に問われなければならない。それがなされたとき、『起信論』の思想の中心的部分を（小論の標題にもしたように）「意識の形而上学」として哲学的に展開していく根拠が与えられるであろう。

それを次章の課題として残しつつ、本章をここで結ぶ。

第二部　存在論から意識論へ

VI　唯「心」論的存在論

以上で『起信論』哲学の構造分析の第一部を終り、ここから第二部に入る。第一部の指標的キータームは「真如」、第二部のキータームは、「心」。根本的には同じ一つの思想構造であっても、それぞれを分析するための視座を決定するキータームの如何によって、全く別の側面が照明し出されることは言うまでもないだろう。

第一部全体を通じて、私は「真如」概念を最高キータームの位置に据えることによって、『起信論』哲学を、主として存在論的に分析し構築しようとしてきた。いま第二部に入って、分析の中心が「真如」から「心」に移るにともない、考察の重点は、当然、存在論から意識論に移る。

存在論から意識論へ……これが大まかな道筋である。

存在論から意識論へ、思想的中心軸を移すこと――とは言え、実はこれは私の読みであって、与えられたままの『起信論』のテクストが、顕在的にそういう形で叙述を進めているわけではない。ただ、さきに説明した主旨に従って、与えられたテクストの言述の表層を解体し、その底に伏在している思想の深層構造を読み解くための、読みの方法論的テクニークとして、『起信論』哲学を、そういう道筋で組み立てなおしてみようとするだけのことなのである。

だから、存在論から意識論へ、とは言っても、決して、『起信論』哲学が、テクスト的に、きっぱりと存在論を離れて意識論に変貌してしまうということではないし、また「心」概念の導入を待って始めて意識論的省察が存在論の中に入りこんでくるわけでもない。『起信論』の場合、意識論は、事実上、始めから存在論の中に入りこんでいたのだ、少なくとも隠在的に。

もともと『起信論』哲学の現場では、意識論と存在論とは、いわば二重写しの状態をなしている。思想は、ここでは常に、意識論と存在論との密接不離の絡み合いとして進展する。一方が表面にあるときは、他方は陰にひそんで裏側から思想形成に参与する、という具合に。だから、ある与えられた個所が意識論的であるか存在論的であるかは要するに、思惟展開の重心の微妙な傾斜の違いに帰着するのである。

こういう次第で、意識論と存在論とは、原則的には、互いに全く同等同格であって、両者のあいだに高下・先後の差別はないわけであるが、他面、本性的に唯心論の立場を取る『起信論』としては、思想の具体的展開の場面においては、当然、「心」すなわち意識の側に力点を置き、全体的にそれを根基に据えて哲学を構築して行かざるを得ないのである。

そう言えば『起信論』は、いきなり冒頭から、「衆生心こそ摩訶衍《まかえん》（＝マハーヤーナ、大乗）の本体である」などと宣言して、不慣れな読者をまごつかせたりする。「一般大衆の心《こころ》」とでも訳せそうな、「衆生心」が、どうして大乗仏教の本体（＝究竟態）を表わす言葉であり得るのか。この（一見）奇怪な言表が何を意味するのか、は小論の進行につれて次第に明らかになっていくと思うが、とにかく、これが意識論的命題であることは、誰の目にも明らかであろう。そして、『起信論』の、己れの思想の窮極的根基を意識論に置くという姿勢の宣言であることも、また。

この宣言に表明されているような決定的に唯心論的な思想コンテクストにおいて、

存在論は一体どんな位置を占めるのであろうか。

先刻も述べたように、『起信論』の思想の中では、存在論と意識論とは、互いに別ち難く絡み合い映発し合う。両者のこの密度の高い重なり合いを、本論の第一部で詳説した分節論が、最も端的な形で例示する。

「真如」の、根源的非顕現態（＝非現象態）から顕現態（＝現象態）への次元転換を引き起す言語的意味分節は、文字どおり『起信論』形而上学の中核をなす部分だが、この場合、「分節」は本性的に双面構造であることを忘れてはならない。双面的、すなわち言語意味分節は、同時に存在分節でもあり意識分節でもある、ということだ。

意味分節＜意識分節／存在分節

『大乗起信論』とさえ言えば誰でもすぐ標語のように憶い出す、あの一句、「忽《こつ》然《ねん》念《ねん》起《き》」――いま言った言語的意味分節の双面構造的事態を、この有名な一句は描いているのだ。

「忽然念起」、いつ、どこからともなく、これという理由もなしに、突如として吹き起る風のように、こころの深層にかすかな揺らぎが起り、「念」すなわちコトバの意味分節機能、が生起してくる、という。「念」が起る、間髪を入れず「しのぶのみだれかぎりしられ」ぬ意識の分節が起る、間髪を入れず千々に乱れ散る存在の分節が起り、現象世界が繚乱と花ひらく。意識分節と存在分節との二重生起。

さきに第一部で引用した、「真如」の仮《け》名《みよう》性を説く『起信論』の一節に、「唯《ダ》是《レ》一心《ノミ》、故《ニ》名《ツク》二真如《ト》一」とあった。「真如」と仮名される存在の窮極相を「心」と同定する。要するに、存在と意識とを同定するのだ。『起信論』の哲学においては、意識と存在とは互いに広袤を等しくする。およそ「識」の介入しない「有」は、始めから全くあり得ないのだ。ただ、「心」というキータームを導入し、それを表だって「真如」の位置に据えると、おのずから存在が意識と二重写しになって、『起信論』哲学の本性的な唯「心」論性が露わになってくる、というだけのことにすぎない。『起信論』の思想的構造においては、存在論は始めから意識論的だったのである。

最後にひとこと付言しておこう、この唯「心」論的思惟傾向の故に、『起信論』の存在論には独特の人間味、言うなれば人間的くさみ、の如きもの、があるということを。普通、いわゆる存在論、特に近代以前の存在論、には、非人間的とは言わぬまでも、ある種の人間的よそよそしさ、そらぞらしさ、があるものだ。『起信論』の「真如」存在論はそうではない。いま述べた意識と存在の重なり合いのために、つまり存在概念の中に意識性が深く浸透しているために、この存在論は、どことなく人間的であり、主体的・実存的であり、情意的《パテティック》ですらある。この点で、第一部の主題であった「真如」存在論から、いま第二部で主題としようとしている意識の形而上学への移行、そしてまた、さらには、この後の第三部の主題をなすはずの個的実存意識の構造分析への移行が、なんの障礙もなく、ごく自然の思想プロセスとして理解されるのである。

Ⅶ 「意識」(＝「心《しん》」)の間文化的意味論性

上来、私は『起信論』の「心」を、現在我々が普通に使う意味での「意識」という語に移して論を進めてきた。

一方には仏教の代表的キータームの一つとしての「心《しん》」、他方には現代思想の文化的普遍者（我々が知的コンテクストにおいて、ごく普通に使い慣れている一般的概念）としての「意識」。両者のあいだに大きな意味の喰い違いがあることは当然である。「心」という伝統的な仏教用語をそのまま、訳さずに使っていれば何の問題もなかろうものを、なぜ、わざわざ「意識」と訳したりするのか。それは、この種のホンヤクの試みのもつ、もち得る、文化的意味論（より正確には、間《ヽ》文化的な意味論）としての意義を考えてのことなのである。つまり、「心」と「意識」との間に開ける意味のズレを、むしろ意図的・積極的に利用して、東洋哲学の世界における、いわば一つの間文化的意味論の実験を試みようとするのだ。

こうして、とにかく、私はこの小論では『起信論』の本文に出てくる「心《しん》」の一語を、自由に「意識」と訳しながら『起信論』哲学の思想展開の跡を追い、それを記述していく。

先ず一方の「意識」（＝「心《しん》」）概念を取り上げて、その特徴を考察してみよう。もっとも、この意味での「意識」概念の構造は『起信論』そのもの全体のテーマだから、ここでその全貌を描き尽すことなど、到底望むべくもない。いまはただ、現に私が主題としている問題にとって直接関与的な一つの、しかし最も重要な（と私の考える）、点をごく簡単に述べておくにとどめる。

その重要な一点とは、この意味での「意識」の超個的性格、つまり、それが我々個々人の個別的な心理機構ではなくて、超個人的・形而上学的意識一般、プロティノス的流出論体系の「ヌース」に比すべき純粋叡知的覚体（昔風の人なら宇宙的意識とでも言うだろう）であるということである。宇宙的意識とか宇宙的覚体などというと、やたらに大袈裟で古くさくて、そんな無限大の超個的意識の実在性など（アンリ・コルバンのいわゆる創造的想像力 imagination créatrice の欠如の故に⁉）現代人には信じられないかもしれないが、その場合は、現代のユング心理学の語る集団無意識（Collective Unconscious）という意識（！）の「超個」性を考え合わせれば理解しやすいであろう。集団無意識とは、要するに、集団的アラヤ識の深層における無数の言語的分節単位の、無数の意味カルマの堆積の超個的聯合体系である。このユング的集団無意識に見られるように、超個人的共同意識、または共通意識を想定して、それの主体を汎時空的規模に拡大し、全人類（＝「一切衆生」）にまで拡げて考えてみる。つまり、「一切衆生」包摂的な意識フィールドの無限大の拡がりを考えるのだ。

このような超個的、全一的、全包容的、な意識フィールドの拡がりをこそ、『起信論』は術語的に「衆生心」と呼ぶ。またこういう意味で、「意識」(=「心」)は「存在」と完全に相覆うのである。

他方、これと対応する現代日本語の「意識」という語。元来、伝統的な仏教思想の言葉にも「意識」という術語があって、『起信論』自身の中でも後で(本小論の第三部)重要な働きをすることになるのでいささかまぎらわしいけれども、このオーソドックスの仏教術語としての「意識」に関する詳細は第三部に委せて、ここでは私は、術語的な意味限定に関わりなく、現代の一つの文化的普遍者としての「意識」という広い意味でこの語を使う。

(ついでながら、「文化的普遍者」cultural universal というのは、現代の文化生活の、ほぼ同じ水準に達した諸民族のあいだで、各民族それぞれの個別的特殊性を超えて、ほぼ同じ意味内容をもって共通に使われる一般概念、またはそれを表わす語、のこと。この基準で言うと、例えば英語の consciousness と日本語の「意識」とのあいだには特に目立った区別がなく、両者は漠然と常識的に同じ意味の語として通用する。)

つまり、簡単、かつ具体的に言えば、文化的普遍者としての「意識」とは、最初にもちょっと言ったとおり、今日の文化的生活世界に生きる知識人たちが、ふだん知的書き物や知的会話の中で、さかんに使っている「意識」のことである。事実、我々は何の反省もなしに、ごく気軽に、ほとんど日常的に、この語を使ってものを書いたり喋ったりしている。だが逆に、それだけにかえって、この語の意味は、実に漠然として取りとめもないようなものだ。意識、意識、とさかんにこの語を使っている当人が、さて「意識」とは何か、とひらきなおって聞かれると、とまどってしまう。

とにかく、一応、「意識」とは、客体性と対立した意味での主体性、人間的主体性の機能原理を意味する、とでも言っておくことにしよう。要するに、自分を取り巻く外的事物(外的存在世界)を感覚・知覚的に認知し、それに基いて思考し思索し、情動し意欲し、意志する主体、それと同時に、そういう様々な心理的動きをする己れ自身を自・自認識的に覚知する内的主体のあり方、のことだ。

こういう漠然とした意味での文化的普遍者「意識」が、前述した仏教術語の「心」と意味的に相応しないことは、始めから誰の目にも明らかであろう。先刻も言ったことだが、無理に「心」を「意識」などとホンヤクしないで、そのまま放っておいたほうがよほど簡単だ。だが、そうだからといって、我々が何の努力もせずに、相変らず「心」の一語を昔どおりに使い続けていくだけでは、我々自身の思想にダイナミックな進展はなく、「心」のほうでも活力を失っていくだけではなかろうか。

およそこのような憶いに促されて、私は敢えて古い仏教語「心」を、現代の文化的普遍語「意識」にホンヤクし、そこに「意識（＝「心」）」という一種の間文化的普遍論を構想しようとする。と言っても、「心」と「意識」のあいだにある意味のズレを消去しようとするのではない。むしろこのホンヤク操作によって、「心」の意味領域を「意識」の意味領域に接触させ、両者のあいだに熏習関係を醸成しようとするのだ（「熏習」は『起信論』でも重要な働きをする大乗仏教の基本的術語の一つ。後にこの小論の第三部で詳しく説明するが、要するに俗に言う「移り香」現象のことだ）。つまり、両者の相互的働きかけの効果を考えて、「心」の意味を「意識」の意味の中に組み込んでいく。それによって、「心」は現代思想のコンテクストの中に人為的に曳き込まれて活性化し、現代思想の一環となって新しい展開を示す可能性を見出すであろうし、他方「意識」のほうも、「心」の熏習によって、その意味フィールドに広さと深さを加え、現代の我々の言語意識を、間文化的、あるいは汎文化的、アラヤ識の育成に向って深めていくであろう。

言うまでもなく、この種の間文化意味論の試みには、それがただ単発的に行われるだけでは、大した効果は望めないであろう。だがいつの日か、同様の試みが、もし巨大な規模で、自覚的・方法論的に行われることになれば、我々の言語アラヤ識は実に注目すべき汎文化性を帯びるに至るであろう。その昔、古代中国において、おびただしい数の仏教の経典や論書が組織的に漢訳された時、古典中国語に生起した間文化意味論的事態のように。またイスラーム文化史の初期、アッバース朝の最盛期、ギリシャ哲学の基本的典籍が、大規模な組織でアラビア語に翻訳された時に、同じく古典アラビア語に生じた間文化意味論性のように……

とにかく、ここで特に繰り返しておきたい大切なことは、以下本小論第二部の全体を通じて、「意識」という語を、私は、いま右に述べた間文化意味論的思考の趣旨に従って、原則的に、「意識（＝「心」）」の意味に修正しながら使っていく、ということである。

Ⅷ　「心真如」・「心生滅」

すでに第六章で私は、『起信論』哲学のコンテクストにおける存在と意識の重なり合い、両者の深い相互浸透について語り、両者は窮極的には完全に一致することを指摘した。つまり、『起信論』の思想を効果的に分析するために、我々はそれを存在論・意識論に区別はするけれど、実は存在論と意識論とは、結局、全く同じ事態を二つの違う視点から考察するだけのことにすぎないということだ。とすれば、この形而上学を分析するための、存在論から意識論への移行は、前者においてすでに確認されたことを、そのまま、あらためて後者の立場から読みなおすだけで足りるであろうということである。

存在論的に確認されたことを、意識論的に読みなおしていく。事実、我々は本小論の第一部で、「真如」の存在論的構造を主題的に分析考究した。いま、思考の中心軸を存在論から意識論に移転させるに当って、これまで最高のキータームとしてきた「真如」の位置に、新しい最高のキータームとして「心」を据え、この新しいキータームによって拓かれる新しい視野に身を置いて、その観点から、同じ形而上学的思想構造を記述しようとするのである。

第一部で、「真如」を最高のキータームとして存在論的思惟の展開に努めたとき、我々は「真如」と仮名《けみよう》される実存性の窮極態を構造化して提示するために、それを先ず全一的円の形に図表化し、次にその円を上下二つの領域に分割し、上半（A空間、A領域）を存在の絶対非分節態、下半（B空間、B領域）を同じ存在の現象的分節態とした。例の「真如」の二階層構造だ。

この形而上学的基本構造は、テクスト分析のキータームが「真如」から「心」に移り、存在論が意識論になっても、全然変ることなく、そのままに残る。ただ同じ構造の読みが変り、それにつれてA領域B領域の名称が変るだけである。

存在論的立場からの考察では、A領域は、当然、いまも言ったように、存在の絶対無分節態であり、存在の非顕現態だった。すなわち、いわゆる存在のゼロ・ポイントである。しかるに、いま、「心」概念を導入して「真如」に代る指標概念とし、テクスト分析の視座を意識論に移すとともに、A領域は意識の絶対無分節態となり、意識の非顕現態となる。つまり、この立場では『起信論』は、考察の焦点を存在から意識に移して、存在の代りに、今度は意識をその無的極限まで追求して行き、意識のゼロ・ポイントからあらためて分析を開始するのだ。

すなわち、存在論の立場においては存在（＝「有」）の絶対無分節態（＝存在的「無」）であったものが、意識論的には、その背後に、それを「無」の原初的境位に把持する寂然不動の意識を想定せざるを得ないことになるのであって、これが、いわゆる意識のゼロ・ポイントにほかならない。

「無」意識！「無」の意識……

「無」意識、すなわち意識のゼロ・ポイントは、普通の意味での心理学的な無意識ではない（もっとも、事実上、少くとも周辺的には、普通の意味での無意識でもあるけれども）。ここで主題とする「無」意識は、さきに存在論的に論題とした実在性の形而上学的極限領域としての「無」に、意識論的に対応する「無」の意識。すなわち、存在のゼロ・ポイントを、意識のゼロ・ポイントとして、無的に意識することである。だから、この思想コンテクストでの「無」意識を、我々は否定的消極性においてのみ理解してはならない。つまり「無」意識は、消極的に何物の意識でもない（例えば、気絶失神などの場合のように）というだけのことではない。そうではなくて、反対にそれは、現象的「有」意識への限りなき可能態としての「無」意識、すなわち、「有」分節に向う内的衝迫の緊張に満ちた意識の「無」分節態なのである、恰度存在のゼロ・ポイントが、たんに一物もそこに存在しないという消極的状態ではなくて（確かに、現に一物の影すらないが）、限りない存在分節の可能性を孕んだ「有」的緊張の極限であったように。だからこそ、意識のゼロ・ポイントとしての「無」意識は、そのまま自己分節して「有」意識に転成するのだ。

こうしてA領域の「無」は、意識論的にもまたB領域の「有」に直結し、ここに「有」的分節意識の、複雑に錯綜する現象的意識世界が出現する。

『起信論』的意識論の立場では、A領域は「心真如」、B領域は「心生滅」と名づけられる。A・B両領域を綜観する、二岐分開以前の「意識（＝「心」）」はそのまま「心」、あるいは特に必要があれば「一心」と呼ばれる。「一心」は、前述した「真如」存在論系の用語法では全一的な「真如」に該当する。

「心」＜
　A「心真如」（絶対無分節的、未現象的意識）
　B「心生滅」（瞬時も止まず起滅する有分節的、現象的意識）

上述したところによって、すでに明らかになったと思うが、「心真如」（A領域）は、本然的絶対無分節性の次元における全一的意識であって、一切の変化差別を超絶し、逆に一切の現象的意識態の形而上的本体をなす。より宗教色の強い術語としては「心《しん》性《しょう》」（＝「自性清浄心」）とか、「仏性《しょう》」または「仏心」などともいう。『起信論』のテクストに曰く、「心真如は、即ち是れ、一法界《ほっかい》（それ自体の、本来的に純粋真正な境位における「心」は、すなわち、絶対無分節的全一性における意識である）と。

これに対立する「心生滅」（形而下的、B領域）は、現象界の分節的現実次元に働きつつある意識。当然「一法界」という絶対無分節的全一性からは程遠く、千差万別、一瞬も止むことなく変異流転する現象的意識である。乱動し、妄動するこの「心生滅」に、存在論的に対応するB領域が、無数の存在単位の重々無尽に錯綜する有分節的存在世界であることは言うまでもない。

先の「真如」の構造図示の場合に倣って、いま述べた「心真如」――「心生滅」の関係を仮りに左のとおり図表化してみよう。

「一心」

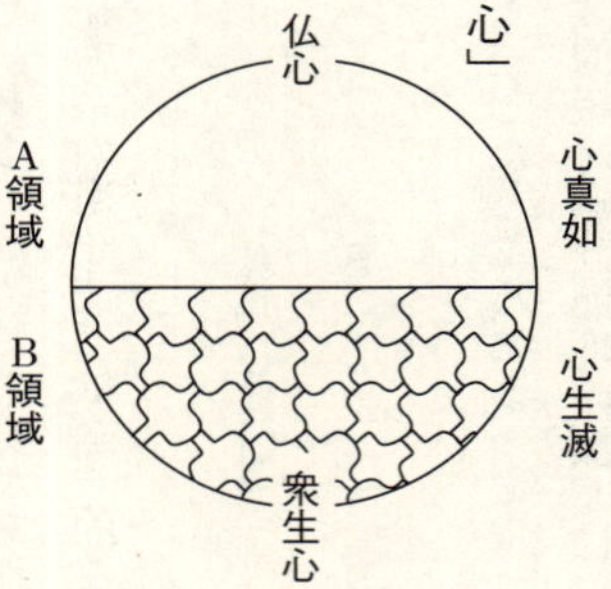

A（心真如）は無意識界、
B（心生滅）は有意識界
A領域の上部に「仏心」（＝「仏性」「自性清浄心」）を置き、B領域の底部に「衆生心」を置く。

「仏心」および「衆生心」、特に「衆生心」、のこの置き方は、構造的図示の都合上このように描いたまでであって、本当は、『起信論』の思想における両者の扱いには、かなり微妙な点がある、わけても「衆生心」という語の意味の浮動性に関連して。

「衆生心」という語を、私は、本源的双面性を特徴とする術語の一つである、と理解する。

　意味の双面性。すなわち「衆生心」という語の意味は、(一見) 相反するごとき方向に二岐分離して展開し、『起信論』の哲学的世界像を複雑にする。

二岐に分れる「衆生心」の意味の一方については、すでに第七章で説明した。この方向に解された「衆生心」の語は、「一切衆生包摂的心」の意。すなわち、あらゆる有《う》情、または、あらゆる存在者を一つも余さず包摂するほどの限りない広袤をもつ覚知の全一的拡がりとしての意識（＝「心」）である。この意味での「衆生心」が、プロティノスのいわゆる全宇宙的覚知体、「ヌース」、に本質的に相応するということも、すでに説明した。これが『起信論』的「衆生心」の第一の意味。

　しかし『起信論』的「衆生心」には、これとは、一見、全く違う第二の意味がある。この第二の方向では、「衆生心」とは文字どおりに、普通の我々平凡人の、ごく普通の日常的意識である。しかもこの第一の意味と第二の意味とは、『起信論』の思想構造において、実に不思議な仕方で融合し、一体化する（恰度、後章で主題とするはずの「アラヤ識」が、真・妄二元の融合し合う「和合識」であるのと同じように）。

元来、第二の意味での「衆生心」は――そしてまた「衆生心」という言葉そのものの本義から言っても――厳密には、構造図型のB領域、すなわち動揺常なき経験的意識の領域、わけても「無明の嵐吹き荒れる」現象界の真只中で妄動性の最もはなはだしいところ（B領域の底辺部）に生起する現象心である。このような現象的意識を、もし第一の意味の、超個的・宇宙的覚知としての形而上的意識（＝「心」）と融合させて説くとすれば、「衆生心」なるものの記述は、当然、自己矛盾的性格を帯びざるを得ない。少くとも表層的思惟としては。それを承知の上で、『起信論』は、敢えて両者の融合性、和合性、を深層的に肯定するのだ。

『起信論』のテクストは、こう断言する。曰く「この心（＝衆生心）は、則ち一切の世間法と出世間法を摂す」と。「世間法」とは、言うまでもなく、現象的「有」の動乱に湧きたち沸きかえる日常経験の事物事象のこと。「出世間法」とは不生不滅の

(=生れ出ることもなく、従って滅びることもない)超経験的・形而上的世界。

さきに掲げた「一心」の構造図は、「仏心」を最上端に置き、それを上方に向っての中心軸とするA領域と、「衆生心」を最下端に置き、それを下方に向っての中心軸とするB領域との二階層という形で、「一心」の根源的なあり方を描き出していた。いまここで、A領域とB領域との相互関係を描くこの構図を前にして『起信論』が言おうとしているのは、このような構造をもつB領域が、究極的にはA領域と合致し、融合してしまうこと、もっとつきつめて言えば、B領域の最下端がA領域の最上端と、自己矛盾的に、合致する、ということである。

実在意識の絶頂とドン底。無限の距離が両者のあいだに介在する。が、しかも、両者を互いに距てる毫末の差違もない。「仏心」すなわち「衆生心」。「衆生心」がそのまま「仏心」。

つまり、普通の平凡な人間の、日常的経験の世界に起滅妄動する煩悩多重の「有」意識が、形而上的永遠不動の「無」意識と、「一にあらず異にあらず」という自己矛盾的関係で本体的に結ばれている、というのだ。『起信論』的思想のコンテクストにおいては、下から「衆生心」といっても、上から「仏心」といっても、結局、同じことになるのである。この考え方が、例の「悉有仏性」思想に直結することは言うまでもない。

IX　現象顕現的境位における「真如」と「心」

最後の主要テーマである「アラヤ識」に論を進めるに先立ち、それへの基礎工作として、「真如」と「心」の非現象態と現象態とについて、特にそれらの現象顕現的境位について、想をあらためておきたいと思う。ここで「真如」と「心」という二つのキータームを並記したことには、次のような特別の理由がある。

第二部に入ってからここまで、私は「存在論から意識論へ」という主旨に従って、終始一貫、意識論の視座を守ってきた。しかし、いま本章に入るに当って、取扱う主題の性質上、ここに存在論的視座を再導入し、意識論と存在論とを並べて考察を進めていく必要を感じるのである。

元来、『起信論』の思想展開においては、意識論と存在論とのあいだには、先に詳しく述べたように、完全なパラレリズムが成立しているのであって、一方に通用することは、原則的に、そして本質的に、そっくりそのまま他方にも通用する。のみならず、取扱う問題の如何によっては、二つの視座を合わせて、両方から同時に考察を進めることが、事態をよりよく解明する場合も少くない。いま我々が論究しようとしているものも、まさにそのような問題の一つなのである。

存在論的に、「真如」の非現象態と現象態が重要な問題であるように、それに対応して、意識論的にも、同じく意識（＝「心」）の非現象態と現象態のあり方が、決定的な理論的重要性をもつ。しかも、この問題をめぐって、意識論的考察は存在論的考察と密接不離に絡み合い縺れ合って展開するのだ。

先ず「衆生心」から考察を始めることにしよう。前章で詳しく述べたように、「衆生心」なるものは、様々に異る側面をもつ浮動的でかなり曖昧な概念であって、それに正確な意味論的規定を与えることは難しい。しかしとにかく、現象意識としての側面においては、「衆生心」とは、要するに、随縁起動する「真如」、あるいは「心」、である。

すなわち、「衆生心」は、現象面においては、「妄心」の乱動であって、その鏡面上に顕現する一切の存在者は、『起信論』的見処からすれば、悉く妄象だが、「衆生心」の本体そのものは、あくまで洞然として清浄無垢である、という。換言すれば、意識(=「心」)の形而上的本体は、生滅流転する現象的形姿の境位にあっても、その源初の清浄性(=非現象的、絶対無分節的、超越性)をいささかも失わない、というのである。『起信論』の好んで使う比喩で言えば、存在世界の全ては、「無明の風によって波立ち乱動する衆生心の清浄な本体の仮象にすぎない」(「衆生自性清浄心因無明風動」)のだ。

絶対無分節意識、すなわち洞然たる「無」意識の空間(A領域)と、四分五裂して汚れに汚れた現象意識の「有」的フィールド(B領域)とは、一見、互いに本質的に相違して鋭い対立関係にあるごとくだが——そして事実、またそういう面もあるにはあるが——より正確には、両者は、前章で詳説したような形で矛盾的に合一しているのである。

もともとA領域とB領域との結びつきは、意識論的に言うと（存在論的にも同様）、少くとも第一次的には、AがそっくりそのままBに転成する、すなわち絶対無分節態の意識（＝「心」）が分節態の意識に転換する、ということ、ただそれだけの、外面的にはごく簡単なプロセスにすぎない。だが、この一見簡単な転成プロセスの内部機構を、より精密に構造化するために『起信論』は、転成する意識（＝「心」）の中心軸として、Aの本体なるものを想定し、これを特に「自性清浄心」と名づけるのである。

前掲の「一心」構造図では、A領域に当る部分の頂点に「仏心」が置かれていた。いま言った「自性清浄心」とは、この「仏心」の別名であって、「仏心」がすなわち「心」の根源的本体（「自性」）であることを示唆する。AがBに転成し、意識（＝「心」）が無分節・未現象態を離脱して現象顕現の境位に移行しても、それはその本性（「自性清浄性」）を保持したまま。現象的世界の只中にあって、Aはすっかり形姿を変える、が、その本体だけは無傷に残る。

以上の事態を存在論的に読みなおしてみよう。意識論の場合と全く同じに、形而上的A領域が形而下的B領域に転成する。形而下的（現象分節的）存在界の只中に、形而上的絶対性における「真如」が、その無分節的本性を保持しつつ厳然と存立している。この事実から当然、現象界（＝B領域）に存立するかぎりでの「真如」のあり方が問題となってくる。「真如」そのものではなく、現象態における「真如」に特有のあり方が。

現象的開顕態における「真如」が提起する問題の代表的なものとして、『起信論』は有名な「三大」概念を説く。「三大」とは、具体的に言えば、「体大」「相大」「用《ゆう》大」の三つである。

「三大」の第一は「体大」。「体」という字は、純粋な「真如」それ自体、前述の「真如」の本体を意味する。いまも言ったように、「真如」そのものは、現象的存在次元においても、いささかもその根源的本性を失わない。現象的顕現形態はどれほど変っても、「真如」の「体」そのものは時間的空間的限定を超えて変らない、という。「体」のこの全包摂的・無制約的超越性を示唆するために、これに「大」の字を加えて「体大」と名づけるのである。

次は「相大」——数限りない様相。「相」とは、本質的属性の意。「真如」の「体」

（＝本体）そのものは、A領域B領域を通じ終始一貫して不変不動だが、現象態における「真如」には、A領域においては絶対に見られなかった様々な性質・属性が纏綿する。

このように、「真如」が様々な属性を帯びて現われるということは、「真如」の自己分節を意味する。本来、絶対無分節（＝「清浄」無妄）である「真如」が、A領域からB領域の境位に移るにつれて、無限に自己分節して現われてくるのである。絶対無分節の「真如」が、瞬間ごとに形姿を変えながら、多重多層に縺れ合い結び合う数限りない存在分節単位（＝意味の群れ）に分裂し、いわゆる経験界の事物事象を現出させていく。

「真如」のこの存在分節が、時々刻々に生成変化しつつ一切の人間経験を意味化していく「アラヤ識」的根源能力としてのコトバの働きの現われであることは、すでに第一部で詳説した。

この意味的存在分節の広大無量な拡がりの全包摂性を表わすために、『起信論』は「相大」といって「大」字を付す。

なお、この事態に、現象態における「真如」の存在創造性というポジティヴな符号づけをして、この次元での「真如」を、『起信論』は「如来蔵」と呼ぶ。すなわち「如来蔵」とは、無量無辺の「功徳」(=存在現出の可能力)を帯びてB領域に存立する「真如」の名称である。

「如来蔵」という資格での「真如」が、事実上、無限の働きを示すことは当然であろう。「真如」のこの局面が、「三大」のうちの第三番目、「用大」である。「用《ゆう》」字は、物の属性(このコンテクストでは「相大」)が外面に発動して示す根源的作用あるいは機能、を意味する。

X　現象的世界の存在論的価値づけ

前章に引続き、存在ならびに意識の現象態の提起する問題の幾つかを考究する。中でも重要なものは、現象的世界の存在論的価値づけの問題である。

現象界(前掲の構造図のB領域)はその名のごとく、数限りない現象的存在者の充満し、錯綜し、乱舞する我々の日常経験の世界。前章の終りの部分で見たように、『起信論』はこの存在次元を「如来蔵」という名の下に積極的・肯定的に評価する。事実、我々が現にそれを生きつつある経験的現実は、「無一物」どころか、そもそも「無」とか「空」とかいうものとは縁もゆかりもない具体的存在（「有」）の世界である。だが、小論の最初から、異様（と見えるかもしれないほど）に私がこだわり続けてきたように、『起信論』の、ものの見方は双面的だ。特に思惟のこの双面性は、現象的存在世界にたいする見方に、著しく典型的な形を取って現われる。

そもそも現象世界を肯定的に見るか否定的に見るかは、ひとえに係って、意識の意味分節機能を肯定的に見るか否定的に見るかによる。いま言ったように、現象界を「如来蔵」と見るのは、その肯定的見方の場合である。だが、その反面（より多くの場合）、『起信論』は現象界にたいして、きっぱりと否定的態度を取る。そしてその場合、意識の言語的分節機能は、以前にも言ったように「妄念」と呼ばれるのである。つまり、我々が現実に生きている経験世界を満たす千差万別の事物事象は、悉く「妄念」から立ち昇ってくる虚像のみ、とされるのだ。『起信論』のテクストは言う、「三界（＝全存在世界）は虚偽《こぎ》にして、唯心の所作なるのみ。心（＝分節意識）を離るるときは、則ち六塵の境界《きょうがい》（＝我々が感覚・知覚する対象的事物の世界）は無ければなり。」

「一切諸法（＝全ての存在単位）は、ただ妄念に依りて差別あるのみにして、もし心念（＝妄念、意識の意味分節機能）を離るれば、一切の境界の相（＝対象的事物としての現象的形姿）無し。」

「是の故に、一切の法（＝現象的「有」）は鏡中の像（＝鏡面上に見える映像）の如く、体《たい》（＝実在する本体）の得べき無きがごとく、唯心にして虚妄なり。心（＝妄心）生ずれば、則ち種々の法（＝現象的「有」）生じ、心滅すれば（＝分節意識が機能しなくなれば）則ち種々の法滅するを以ての故に。」

そして最後に結論して曰く、

「一切の法は皆、心より起り、妄念より生ずるを以て、一切の分別（＝現象界の一切の分節的「有」）は、自心を分別するのみ。心、心を見ざれば、相として得べきなし」と。

「心、心を見ざれば、相として得べきなし」の一句は、このコンテクストにおけるキー・フレーズだ。いわゆる客観的事物の世界は、悉く分節意識そのものの自己顕現にすぎない。だからそれを外側から眺めている認識主体（＝心）は、結局、自分で自分の姿を眺めているにすぎない、というのだ。このように「心が心を見る」ことがなければ、全存在世界はそのまま雲散霧消して蹤跡をとどめない、と。要するに、この側面での『起信論』は現象的「有」の実在性を否定して、それらの本質的「無有」性を強調するのである。

ところが、これほどまでに徹底して存在世界の本質的虚妄性を説いておきながら、しかも他方『起信論』は「如来蔵」的観点から、全ての分節的「有」を「真」として肯定する。

この分節肯定的観点からすれば、「心真如」は、存在世界の形而上的本体として、一切の存在者の根底に伏在し、あらゆるものを根源的存在可能性において包含している。プロティノスが言っているように、他のものによって創造されたものは、自分を生み出した原因のうちに在り、逆に原因は自分の生み出したすべてのものの中に在る、しかもそれらのものの中に散乱して存在するのでなしに、それらのものの窮極的源泉、窮極的基底、として、それらのもの全ての中に存立する。

それと全く同じく、『起信論』的形而上学においても、「心真如」は一切事物の窮極原因として、それらの中に本体的に存立している。逆に言うと、「心真如」、すなわち存在世界の窮極原因、絶対的根底から、意味分節意識の創造性の働きで、存在分節単位としての「有」が数限りなく現象してくるというのだ。この観点からすれば、我々の内的・外的経験世界に現に存在している現象的「有」は、ただ一つの例外もなく、「心真如」の自己分節態であり、それらの一つ一つの中に、窮極原因としての「心真如」の本体が、厳として存立している。この意味で、全ては「真」であって、虚妄ではない。

テクストに曰く、「一切の法は悉くみな真。……一切の法は、みな同じく如《によ》」すなわち、全ての現象的存在者としての意味分節単位は悉く「真」であり、全ての現象的存在者はみな同じく本然的に、あるがままに、平等・無区別である、と。

XI 「空」と「不空」

現象的存在者が、それらの実在性に関連して、自己矛盾的性格を露呈したように、同様に存在の絶対的未現象態もまた、それの実在性に関連して自己矛盾的双面性を示す。

『起信論』はこの、絶対無分節・絶対未現象態における存在の自己矛盾的双面性を、存在論的見地から、「如実空《くう》」・「如実不空《ふくう》」という一組のキータームを使って検討しようとする。「如実空」とは、字義どおり、「空」そのもの、「如実不空」とは「不空」そのもの、を意味する。

　前章では、『起信論』は「心真如」（我々の構造図のA領域）に照らして、その観点から「心生滅」すなわち経験的・現象的「有」の世界（＝B領域）の存在論的価値づけを主題として考えを進めた。いま『起信論』は、このA→B的観点を逆転させ、A←B的観点から、つまり現象界の存在論的様相に照らして、それへの関連において、「心真如」それ自体の本来的あり方を考察しようとする。すなわち我々は、ここから意識の形而上学の窮極処に踏みこむのだ。残るところは、A領域とB領域とを仲介連結し、AからB、BからAへの次元転換の場所《トポス》である「アラヤ識」（次章のテーマ）のみである。

　「心真如」（＝A領域）の形而上的極限を、意識論的に、「自性清浄心」と呼ぶ。このことは前に述べた。そしてまた、より広い意味では、A領域それ自体が、全体を挙げて「自性清浄心」である、ということも。意識と存在のゼロ・ポイントとしての「心真如」は清浄であって、ただ一点の妄染すら、そこには無い。つまり「心真如」それ自体は、哲学的言辞で言えば、一切の意味分節を超絶しているのであって、それをこそ「空《くう》」というのだ。『起信論』のテクストは言う、

「言うところの空とは、本《もと》より已来《このかた》（＝本性的に）一切の染法相応せず（＝妄念の生み出す一切の意味分節的区分区別と合致しない）。謂《いわ》く（＝つまり）一切の法（＝意味分節単位）の差別（＝区分区別）の相（＝様相）を離れ（＝超脱し）、虚妄《こもう》の心念無き（＝分節意識の虚妄性と関わり無き）を以ての故に」と。すなわち、「空」とは、簡単に言えば、一切の意味分節的区分区別を超脱した状態のことである。

「空」としての「心真如」の、この徹底的超脱性を表現するために、『起信論』のテクストは、いわゆる双非の否定判断を重ねる（aではない、が非aでもない。bでもない、が非bでもない。またaプラスbでもない、等々）。

曰く、「真如自性、非有相、非無相、非非有相、非非無相、非有無倶相」（＝真如それ自体は有ではない。そうかといって無でもない。有でないものでもないし、無でないものでもない。有と無とを同時に合わせたものでもない）。

そして、こう結論する、「乃至《ないし》、総じて説く（＝要するに、総括的に言うならば）、一切の衆生は（＝普通の人間は誰でも）妄心あるを以て念念（＝瞬間ごとに絶えず）分別するによって（＝意識の意味分節機能を働かせて止むことがないに依って）、皆相応せず（＝真如をあるがままに把えることができない）。故に説いて空となすのみ。もし妄心を離るれば、実には空ずべき〔空も〕無し」、と。

この結語は、『起信論』が「空」の概念をどのように理解しているかを、この上もなく明確に開示する。曰く、人間は誰にも「妄心」なるものがあって、時々刻々に存在を「分別」（＝意味分節）し、限りない現象的「有」を刻み出して止まない。それらの事物は、どの一つを持ってきても、「真如」そのものとはピッタリ合わない。だから、このように「真如」の自性を歪曲して提示する意味分節の単位を、全部一挙に払拭する（＝空じ去る）ために、どうしても「空」という概念を立てることが必要になってくるのである。もし我々が分節意識の、存在単位切り出し作業を完全に止めてしまうならば、空ずべき何ものも、いや、「空」そのものすら、始めからそこには無いのだ。本来的には、空ずべき何ものも無い、いや、「空」そのものも無いという、まさにそのことが、ほかならぬ「空」なのである。

「実には、空ずべき〔空〕も無し」。何という興味深いレトリックだろう！　かつて中国の哲人荘子が、「無」字を三つ重ねて、「無無無」という独自の表現を創り出し、それによって、本来「無」的な現象的「有」の全てを一挙に「無」化してしまう、その「無」すら「無」化しようとした、あの知的冒険を、私は憶う。

だが、「空」についてこのような決定的、最後的（とも見える）発言をしたすぐ後で、『起信論』の思惟は、例によって、それとは正反対の方向に行く。正反対の方向とは「不空」の方向のことだ。しかし「空」が如実であったように、「不空」もまた、如実なのである。「如実不空」――「不空」そのもの、絶対的「不空」。

そもそも、「形而上的なるもの」の窮極処を「空」とか「無」とかいうような、現象的「有」の実在性を絶対的に否定する表現で把握するのが、東洋哲学一般に通ずる特徴的アプローチなのであるが、いまここで『起信論』が、「空」に対して「不空」という概念を定立したことは、『起信論』にとって、現象的「有」の実在性の否定が、それだけが、形而上学の最後の言葉では決してなかった、ということを物語る。

すなわち、「心真如」の存在論的真相を「空」または「無」と見る見処から、この形而上学は方向を一転して、同じ「心真如」の「有」的側面に向う。観察の焦点が移り、それとともに当然、「心真如」の全く違う面が照明し出される。ここで光を浴びて出てくるのは、現象界の形而上的根基、すなわち一切の現象的存在者の絶対窮極的原因としての「心真如」である。そして、それに伴って、存在分節機能もその発動の位相を変える。

この新しい局面においても、我々の目に映る現象界は、依然として存在分節の世界である。多重多層に縺れ乱れる数限りない内的外的分節単位の群れ。だがそれらの現象的「有」は、ここではもはや「妄念」分節の所産ではない。そうではなくて、それらは全て「心真如」そのものの自己分節なのである。つまり、この観点からすれば、全現象界が「心真如」の内的自己変様なのだ。なぜそのようなことになるのかというと、全て原因されたものは、自分の源泉としての原因の中に、始めから存在していたのだという、前述の存在論的大原則によって、現象的「有」は全て窮極原因としての「心真如」の中に、始めから不可視の存在可能態において、潜勢的に、伏在していると考えられるからである。「心真如」の中に、元型的あるいは形相《イデア》的に潜在していたものが、現勢化する、それが「心真如」の自己分節にほかならない。

「心真如」の本性そのものは常恒不変、不生不滅の「真心《しんじん》」であって、そこには一点の虚妄性も無いが、そのかわり、「真心」特有の玲瓏たる諸相（＝「浄法」）を無尽蔵にそなえている。それらの「浄法」が、「心真如」の自己分節という形で、限りない現象的存在者として顕現してくるのだ。「心真如」のこの側面を「不空」と名づけるのである。

限りない豊饒、存在充実の極。この側面における「心真如」は、一切の現象的事物事象を、あますところなく、形相的存在可能性において包蔵している。あらゆるものが、そこにある。ギッシリ詰まったイデア空間、言語アプリオリ的分節空間、とでも言うべきか。このアプリオリ的意味空間から、外にはみ出すものはない、外から入ってくるものもない。全包摂的全一性において、一切が永遠不変、不動。テクストに曰く、

「如実不空。一切の世間境界（＝現象的対象）は、皆、中に於て（その中に）現じて（＝現在して）、（何ものも）出でず、入らず、滅せず、壊《え》せず。常住一心。一切の染法

も染すること能わざる所なり」と。

「如実空」と「如実不空」――ここでもまた、あの特徴的な双面的・二岐分開的思惟形態に、我々は出逢う。「空」「不空」という相対立し、相矛盾する二側面が、結局、本来的には、ただ一つの「心真如」自身の、自己矛盾的真相＝深層にほかならないということについては、もはや絮説を要しないであろう。

XII 「アラヤ識」

上述したところから明らかなように、「心真如」（A領域、意識と存在の未分節態）と「心生滅」（B領域、意識と存在の分節態）の相互関係には、きわめて微妙なものがある。両者の関係は本性的に流動的、浮動的であり、柔軟であって、単純に此処までがA領域、此処からはB領域、という具合にキッパリ区画して固定できるようなものではない。両者は現に、不断に相互転換しているのだ。もともとBはAの自己分節態にほかならないのであるから、Aは構造的に、それ自体の本然的な現象志向性に促されてそのままBに転位し、また逆にBは、当然、己れの本源であるAに還帰しようとする。『起信論』的に表現するなら、AとBとは「非一非異」的に結ばれているのだ。

　A領域とB領域とのこの特異な結合、両者のこの本然的相互転換、の場所を『起信論』は思想構造的に措定して、それを「アラヤ識」と呼ぶ。

「アラヤ識」――ālaya-vijñāna アーラヤ・ヴィジュニャーナ、「阿頼耶識」または「阿梨耶識」と音訳し、「蔵識」と意訳する――は、もともと唯識派哲学の基本的術語だが、『起信論』の説く「アラヤ識」と、唯識哲学の説くそれとの間には、顕著な違いが幾つかある。

　なかでも一番重要な違いは、唯識の立場では「アラヤ識」は千態万様のB領域のみに関わるのに反し、『起信論』的「アラヤ識」は、「心真如」（A領域）と「心生滅」（B領域）との両方に跨ること。すなわち、唯識哲学においては、生々流転（B）の在り方だけが問題なのであって、不生不滅（A）の実在性は問題とされない。

だから唯識では、「アラヤ識」は「恒《つね》に転ずること暴流《ぼる》の如し」という『唯識三十頌』の有名な一句に表わされているとおり、急流のように一瞬の休みもなく動揺し変転する深層意識とされる。

『起信論』でも、「アラヤ識」は、一面においては常に揺れ動く生滅心であるが、それと同時に他面、不生不滅（＝生起するということも、消滅するということもない）、永遠不動の絶対的「真心」なのである。

換言すれば、『起信論』の「アラヤ識」は、無分節態の「心」と分節態の「心」、すなわち現象以前の「心真如」と現象的「心生滅」との両領域にわたる。つまり、A・B領域を共に一つのフィールドの中に包摂し、両者を綜観的に一つの全体として見るのだ。かくて『起信論』の「アラヤ識」においては、A領域とB領域との両方に跨る柔軟な複合体が成立するのであって、この点から『起信論』のテクストは「アラヤ識」について、「不生滅と生滅と和合して、一に非ず異に非ず」と説く。

かくて『起信論』は、「アラヤ識」を特徴づけて「和合識」とする。すでに繰り返し述べたように「真妄和合」である。「真」がA領域、「妄」がB領域を意味することは言うまでもない。すなわち、「アラヤ識」を通じて、A・Bという二つの相対峙する存在次元（または意識次元）が相互浸透的につながれる、と考えるのである。

これに反して唯識哲学では、「アラヤ識」は、千態万様に変転する一切の現象的存在者の発起する源泉であるに止まって、不生不滅の次元とは関係ない。つまり、唯識的見地からすれば、「アラヤ識」は「真妄和合識」ではなくて、純然たる「妄識」なのである。

唯識哲学と『起信論』とのあいだの、「アラヤ識」をめぐってのもう一つの相違点は、深層意識性を強調するか否かに関わる。いま右に見たように、唯識においては「アラヤ識」は「真妄和合」ではなくて、完全に「妄識」である。「妄識」は、構造的に、意識の最下底、深層意識であって、無分節的「心」(=A領域)とは全然関わるところがない。ましてや、A領域からB領域、すなわち無分節態から分節態に向っての意識の起動のごときは問題になる道理がない。ただ、一切の人間経験の意味化の場所としての、あるいは、存在現出のカオス的原点としての、意識深層部位を「アラヤ識」という名の下に措定して、ひたすらその内部機構を追求していくのみである。

これに対して『起信論』では、「アラヤ識」は「和合識」だから、当然、「真」と「妄」(=AとB)の結び付きが根本的な問題とならざるを得ない。事実、『起信論』は、絶対無分節態の意識（＝「真」、A）が、自己の分節態（＝「妄」、B）に向って起動する、まさにその起動の境位を「アラヤ識」と呼ぶのだ。

右に述べた意識論的・存在論的状況は、『起信論』の「アラヤ識」の中間者的性格を規定する。すなわち、「アラヤ識」は、ここでは、A領域とB領域とのあいだに介在して両者を相互的に連結する中間領域――仮りにそれを、A・Bに対するM領域と呼ぶことにしよう――である。Aそのものが、いままさに一転してBになるところ、形而上的「一」が形而下的「多」に転ずる、その接点、それがここでいうM領域である。

勿論、AからBへの転換とか起動とかいうことは、我々が普通、自覚することのできない意識深部で生起する事態なのであるが、『起信論』はそれを、特に深層意識的事態としては論じない。あくまでA・B二領域のあいだを仲介する中間領域（M）として構造化していく。要するに、唯識哲学とは関心の焦点のあり場所が違うのである。

以上の叙述に基いて、『起信論』の構想する形での「アラヤ識」を、左のごとき略図に構造化してみよう。

Aは「不生滅心」(=無分節態「真如」)、Bは「生滅心」(=分節態「真如」)。MはAとBとのあいだに成立する両者の折衝地帯。すなわち、MはA領域とB領域とに喰い込んで、両者に共通する中間領域。M領域のこの特殊な位置づけは、前述した『起信論』的「アラヤ識」の「真」「妄」和合性を構造的に図示する。

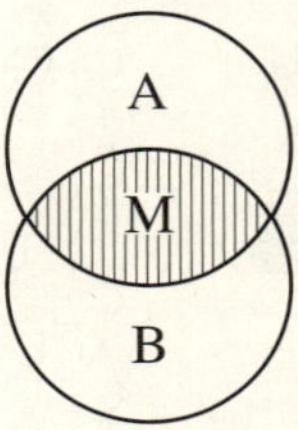

見られるとおり、MはAがBに移行する連鎖点。Aの本来的存在志向性は、必然的にAをしてBの存在分節態に展開させるのであるが、Aのこの現象的存在展開は、必ずMを通じて行われる。Bが己れの本源としてのAに戻る還行プロセスも、また同様に必ずMを通して起る。このことについては、前に詳しく論述した。

それでは、一体どうして、M領域がこのような重大な機能を果すことができるのであろうか。この問いにたいして、『起信論』は直接に答えることをしていない。だが、小論の第一部で詳説した言語的意味分節の理論に照らして考えるなら、正しい答えを見出すことは、さしたる難事ではないはずだ、と私は思う。

それは要するに、M領域、すなわち「アラヤ識」が、形相的意味分節のトポスだからである。形相的意味分節、イデア的・「言語アプリオリ的」意味分節。存在界の一切が、そこではすでに、予め全部分節されている、先験的に、十全に（ちなみにここで先験的というのは、勿論、実存的・個的主体にとって先験的、ということであって、その意味において、「アラヤ識」的意味分節は超個的であり形相的なのである）。かくて、全ての形相的意味分節単位は、それぞれ存在カテゴリーであり、存在元型であって、「アラヤ識」はそれら存在カテゴリー群の網羅的・全一的網目構造なのである。現象的存在分節の根源的形態が、この先験的意味分節のシステムによって決定されているのだ。現象的「有」の世界（＝B）の一切は、この元型的意味分節の網目を透過することによって次々に型どられていく。

「アラヤ識」論をここまで追求して来た我々は、ここでまた再び例の「如来蔵」に出合う。「如来蔵」については、前に第九章から第十章にかけて、現象的存在次元に存立して無限に創造的に働く「真如」のあり方という意味で論究するところがあった。しかし、あの場合は、まだ「アラヤ識」を正面から考えに入れることをしなかった。

だが、考えてみれば、「如来蔵」の真の意味も、それからまた前章で主題とした無限の存在充実としての「不空」の意味も、「アラヤ識」概念を導入し、それをキー・ポイントとして考察することによって、始めてあますところなく闡明されるべきものだったのである。

事の真相は、A領域・B領域のあいだに介在して両者を連結するM領域の、本源的双面性に関わる。いまM領域そのものを、全体的に、広い意味での「アラヤ識」としよう。この広義の「アラヤ識」はそのまま二岐分開して、「如来蔵」と狭義の「アラヤ識」との二つになる。

M「アラヤ識」（広義）
- M_1「如来蔵」
- M_2「アラヤ識」（狭義）

M_1（「如来蔵」）は無限に豊饒な存在生起の源泉。M_2（「アラヤ識」狭義）は、限りない妄念的「仮有」の生産の源泉。この両方が同じ一つの「アラヤ識」(広義)の相反する二つの「顔」をなす。

かくて、M領域は、「如来蔵」(M_1)としては、本性的に「不生滅心」、すなわち、「自性清浄心」の限りなき創造性の場所、としてのA領域に所属し、「アラヤ識」(M_2)としては、限りなき妄象の発生の場所としてのB領域に所属する。そして両者相互のあいだには、完全に不即不離(「非一非異」)的関係が成立していることは、言うまでもない。

いま述べたような意味で、「如来蔵」(M_1)という語と「アラヤ識」(M_2)という語は、それぞれ反対の立場から、同じ一つの領域(M)を意味指示的対象とする。

要するに、B領域の存在分節態を、Aの本体そのものの自己展開として見るとき、M領域は「如来蔵」(=「如来の宝庫」、存在現出の限りなき可能体)としてポジティヴな価値づけを受け、逆にBを全一的Aの分裂的汚染態として見るとき、同じM領域が、「妄念」的存在世界への第一歩というネガティヴな性格を帯びて現われる。

そして、およそこのようなものが、『起信論』の考想する「衆生心」の真相なのである。

以上をもって『大乗起信論』が現勢的かつ潜勢的に説く――と私の理解するかぎりでの――「意識の形而上学」の存在論的・意識論的構造分析は了る。

ここで我々は、形而上学プロパーの思想区域を離れ、考察の方向を転じて、個的実存意識の内的メカニズムの主題に向う。但し、形而上学プロパーを離れるとは言っても、結局のところ、全ては上述の形而上学の構造的整合性に基礎づけられた思想であり、全てはそれの理論的延長展開にすぎないことは言うまでもない。

「真如」(=「心」) 形而上学に基く個的実存の内的メカニズムを探ること――それが、この小論の次の、そして最後の、課題である。

第三部　実存意識機能の内的メカニズム

XIII　「覚」と「不覚」

ここから『起信論』の思索は一転して、個的主体性のテーマに向う。すなわち、形而上学的意識構造論を離れて、個的実存意識の力動的メカニズムの考察に移る。従って、「意識の形而上学」という題目は、これから論じ始めようとしている主題には、厳密に言えば、もはや当てはまらない。しかし『起信論』的哲学思想においては、実存的個の意識の働きの叙述は、上述の形而上学的構造理論を背景とし基盤としてのみ理解されるべきものであり、いわばそれの、形而上学とは異なる次元での、発展・継続にほかならないという観点から、本小論ではそれを第一部・第二部に続く第三部として取り扱うことにしたのである。

形而上学的意識構造論から個的実存意識の機能的メカニズム分析への方向転換――そこに生起する新しい思想的事態の第一の、そこで最も決定的な、指標は、それまで静かに自分の位置に止っていた「アラヤ識」が、いきなり前面に躍り出てくることである。これからは「アラヤ識」が、「アラヤ識」だけが、独り脚光を浴びて舞台を独占する。つまり『起信論』的思想展開の舞台は、あげて「アラヤ識」の機能フィールドと化すのだ。

これまでとても、「アラヤ識」は、本小論の第一部・第二部を通じて詳説したように、意識（＝「心」）の形而上学的構造の三領域の一（具体的には、A領域とB領域とを相互に結び合わせ、両者のあいだを仲介する中間地帯M）として枢要な役割を果してきた。だが、そのコンテクストにおいては、「アラヤ識」の意義は、主としてそれの中間者的位置づけから来る構造論的重要性だった。あくまでそれは形而上学的構造性特有の静けさのうちにあった。

しかし、いまや、『起信論』的思索の焦点が個的実存意識に向うとともに、「アラヤ識」は、形而上学的構造性の静謐を破って、実存意識のダイナミックな機能磁場として縦横に活躍し始めるのだ。

「アラヤ識」のこの新しい局面を具体的に分析するために、ここで『起信論』は「覚」と「不覚」という一対のキータームを導入し、さらに「覚」を二分して「始覚」と

「本覚」というキータームの一対を作り出す。

「覚」「不覚」「始覚」「本覚」。これら四つのキータームが、互いに接近し、離反し、対立し、相剋し、ついに融和する、力動的な意識の場、それが個的実存意識のメカニズムとして現象する「アラヤ識」の姿なのである。

「始覚」——「本覚」についての論述は後章にまわして、ここでは先ず「覚」——「不覚」を主題的に考察することにしよう。

「覚」と「不覚」。本題に入るに先だって特に強調的に繰り返しておきたいことが二つある。その第一は、これが、あくまで「アラヤ識」の機能に関わる問題であるということ。すなわち、「覚」——「不覚」という新しいキータームを立てはしても、我々の思索はそれによって「アラヤ識」の埒外に一歩も出るわけではない。いや、それどころか、むしろ反対に「アラヤ識」の活動圏の真只中に踏みこんでいくのである。「覚」——「不覚」は「アラヤ識」の働きの本質的二側面にほかならないのであるから。

　第二に、形而上学的意識（＝「心」）構造との根深い関係。「覚」と「不覚」とを本質的二側面とする「アラヤ識」は、個的実存意識の機能原理だが、その根源的動性は、もともと、前述した意識（＝「心」）の形而上学的構造を基盤とし、そこから発出してくるものであり、それと密接不離に結びついている。もう少し具体的に言うなら、「覚」―「不覚」は、「心真如」―「心生滅」（前述）という意識の形而上学的構造上の区別を、個的実存意識の次元に反映し、個的実存意識の形で再現するところの「アラヤ識」の機能フィールドなのである。表面に現われているのは「アラヤ識」だけであるが、その背後には、まぎれもなく意識（＝「心」）の形而上学が伏在している。

「アラヤ識」が本性的に双面的であることは既に詳説した。まさしくこの本性的双面性の故に、「アラヤ識」は（というより、「アラヤ識」のみが）実存的個の内的ドラマにおいて主役を演ずることができるのである。

意識（＝「心」）の構造図表では、A領域・B領域の中間折衝地帯（M）として位置づけられる「アラヤ識」が、機能的には、A・B両領域の性質を同時に享け、「真妄和合識」であることは当然であろう。『起信論』のテクストに「此の識（＝アラヤ識）に二種の義あり」と言う二種の義とは、すなわち「真」と「妄」との二側面を指す。換言すれば、「和合識」としての「アラヤ識」は「真」（A）「妄」（B）二方向に向う。A↑Mは「覚」への方向、M↓Bは「不覚」への方向。MからAに向っては向上・還滅の道。MからBに向っては生滅・流転の道。この「和合識」性において、つまりこの意識論的双面性において、「アラヤ識」は個人個人の実存構造に、そして実存的自己形成の道に、深く関わってくるのだ。

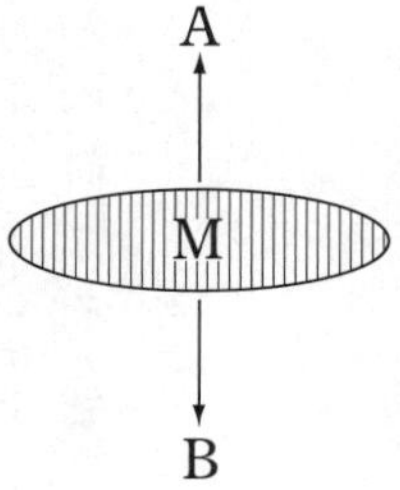

上の略図で、個的実存意識がMからAの方向に進んで、向上・還滅の道を行き、道の極点に達すれば、（少くとも理論上は）「自性清浄心」（＝「仏心」）が実存的に体験される。つまり前述した「無」の意識が成立する。『起信論』のテクストに曰く、「言う所の覚の義は、謂く心体、念を離る。虚空界と等しく偏《あまね》からざるところ無し。法界一相なり。（所言覚義者、謂心体離念、等虚空界、無所不徧、法界一相）」＝「『アラヤ識』の覚の側面とはどういうことかと言えば、それは心体（＝心の本体、すなわち自性清浄心）が一切の言語的意味分節を離脱している状態、すなわち離念ということである。離念のあり方は、まさに虚空の如く無限定的で、一切の限定を超絶し、一切処に偏在するのであって、ここに人は絶対無区別なる全一的真実在の世界を見る」。

すなわち、「覚」の実存的現成のためには、何よりも先ず個的実存意識が、MからAの方向に進んで、道の極限に到達し、絶対無分節的「自性清浄心」そのものとの合一を体験すること（「離念」）が必要である。それが「覚」現成の第一段。だが、それだけでは、「覚」はまだ完成しない。「自性清浄心」との合一を体験した実存意識は、そのままひるがえってBの方向に向い、A・Bの両方を無差別的に、全一的に、綜観する境地に達さなければならない。と言うよりも、むしろ、Aの道の窮極に達することが、同時にそのままBへの道を極め、Bの真相を覚知することになるのでなければならない。そのような意識状態が実存的に現成したとき、それを「覚」というのである。

すでに何遍も繰り返したように、「アラヤ識」は「真妄和合識」であって、それの支配力はA（無分節）とB（分節）の両領域にわたる。人が「如実に真如の法は一なりと知る」、すなわちA・B両領域を、そっくりそのまま、本然的無差別性において覚知している状態、を「覚」と呼ぶのである。

だが、このような「法界一相」的世界観は、我々平凡人の普通の現実観ではない。

殊に、いま右に引用したテクストに言われていたように、「離念」すなわちAの道(A↑M)を窮めつくすことが「覚」現成のための第一の必須条件であって、それなくしては「覚」は実現しないものとすれば、大多数の人にとって「覚」はほとんど絶対に現成できない至難の事でなくてはならない。ということは、すなわち、普通の人は現に「不覚」の状態にあるはずだ、ということである。「不覚」とは文字どおり「覚」の否定、つまり、人がA↑Mの道を行くかわりに、ひたすらM↓Bの道を行き、ただ現象的現実の中に跼蹐して生きることである。

事実、平凡な日常的人間にとって、現実とは端的に現象的世界である。我々は通常、現象的「有」の渦巻く世界の中に生きている。勿論、例外的人間(様々に異る程度においてこの通則からはみ出る人、いわゆる宗教的人間)も少くはない。しかし『起信論』の観点から見れば、そのような例外的な人間も、大多数は、依然として「不覚」の埒外に出てはいない。先刻も言ったように、「離念」の道を窮め、「自性清浄心」と合一した個的実存のみが「覚」の境地にあるといわれるに価するのであるから。

何遍も繰り返すようだが、『起信論』の考想する「覚」は、全一的「真如」(=「心」)の覚知、すなわち「法界一相」的覚知であって、Aへの道を窮めることが、そのままい。Bの真相を把握するというような形での、A・Bの同時的覚知でなくてはならない。現象界の中に生き、現象界だけしか知らない人の実存的境位は、「不覚」の最たるものであって、そのような人は、己れの現に生きている現象界の真相を把握して、それを正しく位置づけることもできないのである。

以上のごとき事態を、我々が己れの実存的状境として身に引き受けたとき、「覚」に向っての「不覚」からの脱出ということが、当然、真剣な課題とならざるを得ない。「覚」と「不覚」との間には、一種の張りつめた実存的緊張関係がある。この実存的緊迫は実存的に解消されなければならないものだ。そこに『起信論』独特の倫理学が成立する。言い換えれば、「覚」—「不覚」という新しい一対のキータームを導入し、それの示唆する線にそって、「アラヤ識」の機能的機構を分析し始めるとともに、『起信論』の思索はおのずから、ほとんど不可避的に、実存的個の倫理学的プロブレマティークの領野に曳き入れられていくのだ。

小論の第一部・第二部に詳説した存在と意識の二階層的形而上学の全一性を、人が個人個人の実存において、いかに生きていくか、いかに生きていくべきか、つまり、いかに実践に移していくべきか、それが問題となるのである。

理論的、いや、理念的に言えば、人は誰でも（＝「一切衆生」）「自性清浄心」をもっている。それが、いわゆる現実界の紛々たる乱動のうちに見失われている。いかにすれば、本性の「清浄」性に復帰することができるか。これが『起信論』の宗教倫理思想の中心課題として提起される。後述する別の一対のキーターム、「始覚」―「本覚」が、この問題を構造論的に分析する。だが、それに先立って我々は、もう少し詳しく、正確に、「不覚」なるものの本性を究明し、「不覚」的実存のあり方を分析しておかなければならない。

XIV　「不覚」の構造

「不覚」とは何か。

「不覚」がどのようなものであるかということは、前章に論究した「覚」の否定、「覚」に真正面から対立するもの、という意味で、およそのところは、すでに了解されたことと思う。「自性清浄心」、すなわち存在と意識のゼロ・ポイントを究め、それと実存体験的に合一することによって、「心真如」(A)と「心生滅」(B)との両方を同時に照見する全一的意識野が拓かれた境位、それが「覚」であるとすれば、それの否定としての「不覚」の真相は、おのずから明らかであろう。

しかし『起信論』は、この事態の覚証に止まらずして、さらに分析の一歩を進めようとする。

この目的のため、『起信論』は、「不覚」事態を二層に分けて、㈠根源的・第一次的「不覚」と、㈡派生的・第二次的「不覚」とし、前者を「根本不覚」、後者を「枝末不覚」と呼ぶ。

「不覚」＜
㈠「根本不覚」(根源的「不覚」)
㈡「枝末不覚」(派生的「不覚」)

第一段の根源的・第一次的「不覚」(「根本不覚」)とは、まさに上述の「覚」の否定としての「不覚」であって、宗教上の術語では「無《む》明《みょう》」にあたる。「無明」の「明」

字は、真理をありのままに照見する能力を意味する故に、「無明」とは、当然、真理をありのまま（「如実」）に照見することができないことである。但し、真理といっても、ここでは漠然と抽象的な意味での真理でないことは言うまでもない。そうではなくて、上来述べてきた「真如」（＝「心」）の真相を、全一的意識野において覚照する能力がないこと、それがすなわち「無明」＝「根本不覚」なのである。

第二段の㈡「枝末不覚」は、いま述べた、「真如」についての根本的無知の故に、「真如」の覚知の中に認識論的主・客（自・他）の区別・対立を混入し、そこに生起する現象的事象（＝現象的「有」の分節単位）を心の外に実在する客観的世界と考え、それを心的主体が客体的対象として認識する、という形に構造化して把握する意識のあり方である。要するに、「根本不覚」の全体的支配の下で、人が「妄念」の所産である外的世界を、真実在の世界と誤認して、その結果、限りない迷い（＝煩悩）の渦に巻きこまれていく実存のあり方、それを「枝末不覚」というのである。

以上記述した「不覚」の二段階、根源的・第一次的「不覚」と第二次的・派生的「不覚」——前者が形而上学的「不覚」であり、後者が実存的「不覚」であることは、一見して明らかであろう。このように、一応二つに分けて定立はしたけれど、実は両者は、窮極的・本質的には一であって二ではない（「不二無別」）というのが『起信論』の立場であって、それはそれで正しい根拠のある主張だとは思うが、しかし他面、両者のあいだには顕著な、そしてきわめて重要な、相違があるということも、また否定すべからざる事実である。形而上学的意識における「不覚」と、個的実存的意識における「不覚」とのあいだには、本質的な違いがあるのだ。だいいち、コンテクスト上の重要性が違う。

形而上学的思惟のコンテクストにおいて、第一段の形而上学的意識の「不覚」が決定的重要性をもち、支配的位置を占めることは言うまでもないが、実存的意識の機能フィールドにおいては、根源的「不覚」は背景に退いて、第二段の派生的「不覚」が断然前面に出る。そして事実、個的実存的意識の内的機能メカニズムを主題とする本論第三部の具体的思想現場における『起信論』の分析的思考は、徹底的に第二段の「枝末不覚」に関わるのである。以下に詳説する『起信論』の有名な「三細六麁《そ》」論（別名「九相」論）が、まさにそれである。

個的実存の意識を「妄」界のしがらみに巻きこんでいく「不覚」形成のプロセスを、『起信論』は九の段階に分けて記述する。その九段階を、術語的に「九相」と呼ぶ。「三細六麁」は「九相」の意味論的内実の分類であって、「三細」とは三種の微細な、つまり、ほとんど気付かれないようなかすかな形で働く、深層意識的心機能を意味し、「六麁」とは六種の粗大な形を取って現われる表層意識的心機能のことである。要するに、「アラヤ識」(M_2)の「妄念」的機能フィールドは九つの段階的様相を持つということである。

「三細」
㈠「業相《ごっそう》」
㈡「見相」(＝「能見相」)
㈢「現相」(＝「境相」「境界《きょうがい》相」)

「六麁」
㈣「智相」
㈤「相続相」
㈥「執取《しゅうしゅ》相」
㈦「計《け》名字《みょうじ》相」

㈧「起《き》業《ごっ》相」
㈨「業繋《ごっけ》苦相」

右に列挙した「三細六麁」の一々を、以下、順を追って説明していく。

㈠「業相」　「業」という字は、ここでは、動き、特にその始まりを意味する。動きの始点、起動、のこと。『起信論』的思想のコンテクストでは、現象世界の初発点としての識機能の初発を意味する。つまり、現象的「有」の起動因である。「心真如」の本源的無分節性を覚知していないという根源的無知のために、「アラヤ識」が「(妄)念」として働きだす。その「念」の起点を「業相」というのだ。テクストに曰く、「不覚に依るを以ての故に、心動ずるを説いて名づけて業となす（以依不覚故心動説名為業）」と。

どうしてこういうことが起るのか。本小論第二部に述べた理論的仮説を正しいとすれば、「アラヤ識」を構成する言語意味的アプリオリそのものの本性的存在志向性に促されて、と答えることができよう。『起信論』自身は、いま見たように、根源的無知の故に、と言う。だが、根源的無知というのは、文字どおり根源的であって、普通の人の意識できるようなものではない。普通一般の人の立場からすれば、ただ何となく、何の理由も原因もなしに、自発的に、心が動きだすのだ、とでも言うほかはないだろう。この事態を『起信論』は、「忽然念起《こつねんねんき》」という言葉で捉えようとする。「忽然念起」――前に第二部でも一度説明したことのある重要な一句だ。いつ、どこからともなく、唐突に、心の深みに何かが動く。「念」の起動。たちまち、そこにものが生起する。ただ忽然と、ものが現われるのだ。何かが認識されるのではない。まだ主体も客体もない原初的状境だから、誰かが何かを意識するということはない。ただ何かが生起するだけ。主客未分、認識以前、前認識論的状態である。このような、いわば「有」と「無」の中間に揺れる「アラヤ識」のあり方を、『起信論』は「業識」と呼ぶ。

㈡　「見相」　「能見相」ともいう。「業相」的に生起した「アラヤ識」は、生起と同時に、そのまま二岐に分れて「見相」と「現相」として機能し始める。「見相」は「妄念」としての「アラヤ識」の働きの主体的側面。いわゆる自我の成立である。

仏教思想一般の通例に従って、『起信論』も自我、すなわち「アラヤ識」の主体的側面の自己的凝固、を「不覚」への決定的な第一歩と見る。「己・已・巳」（己《おのれ》は己であることによって、それだけで已《すで》に巳《へび》である）という意味のことを歌った詩人がある、と聞く。相当な文字言語感覚ではないか。しかし、そのことよりもここでは、己《おのれ》という巳《へび》（蛇）に巻きつかれて動きのとれなくなった実存のあり方という、『起信論』の見る自我の性格を、この比喩的レトリックが実に見事に感覚化していることに私は感心する。

なお、「見相」的側面において働く「アラヤ識」を、㈠の「業識」に対して「転識《てんじき》」という。「転識」は、つまり、主体としての心作用である。

㈢「現相」（別名、「境相」「境界相」）　主体としての心作用に対して、それに対応しそれに対立して、同時に生起する客体としての対象世界の現われ。「猶如明鏡現於色像」（なお明鏡の色像《しきぞう》を現ずるが如し）とテクストに言われているように、主体性の鏡面に万物万象の姿が映現するのである。

この側面における「アラヤ識」の機能を特に「現識」という。

㈣「智相」　テクストに曰く、「是の故に一切の法は（＝認識対象として現われる現象的存在者は全て）鏡中の像の体の得べき無き（＝実体性がない）如く、唯心《ゆいしん》にして虚《こ》妄《もう》なり。心（＝妄念）生ずれば則ち種種の法生じ、心滅すれば則ち種種の法滅するを以っての故に」と。また曰く「当《まさ》に知るべし、世間一切の境界（＝全存在世界の対象的事物（と見えるもの））は、皆、衆生の無明妄心に依って住持することを得《う》（＝業識以下の妄念の働きによって見せかけの存在性に保持されるものであるにすぎない）」と。

すなわち、「現識」㈢的に映現された対象的事物は、このコンテクストにおいては、全て「妄念」の所産であり、妄象にすぎないのだが、それを我々の心は外界に実在するものとして認知する。いわゆる「五蘊集合」的物象化（reification）がここで起る。そして、そのように機能する「アラヤ識」を「智識」と呼ぶ。これが「不覚」の構成要素としての「智相」である。

ここで特に、このコンテクストにおいてはという条件を付けたのには、わけがある。なぜなら、すでに本小論の第一部・第二部を通じて詳しく述べたように、いま我々が問題としている現象的「有」の生起は、客観的、純存在論的に見れば、要するに「真如」の自己分節ということ、ただそれだけであって、善でも悪でもなく、プラスでもマイナスでもなく、それ自体としては一切の価値づけも超えた事柄だからである。この、いわば中性的事態を、「真妄和合識」としての「アラヤ識」の、特に「妄」の側面において考察する場合にのみ、存在分節が「妄念」として否定的に価値づけられ、「不覚」の決定的要因とされるのである。

『起信論』が、「不覚」に向う人間実存の内的メカニズムの分析において、「アラヤ識」の「妄」的側面に観察を集中することは言うまでもない。だからこそ、このコンテクスト内に止るかぎり、すなわちM_2の方向に視座を据えて論を立てるかぎり、『起信論』は何の躊躇もなくこう断言するのだ。曰く「三界《さんがい》は虚偽《こぎ》」と。そしてまた（前に一度引用した文章だが）「一切の法は皆、心より起り、妄念より生ずるを以て、一切の分別は、すなわち、自心を分別す。心、心を見ざれば、相として得べきなし」。

この最後の、決定的に重要な一文「心、心を見ざれば、相として得べきなし」も、前に引用したさいに、一応は解説しておいたが、その意識構造的真相は、「不覚」論をここまで進めてきて、はじめて理論的に把握される。すなわち、「業識㈠が生起して、それが転識㈡と現識㈢に二岐分開し、転識としての心《しん》（主体）が現識としての心

（客体）を外的対象として認知するということがなければ、妄象的に映現したものを客観的実在と見誤るようなことは絶対にあり得ない」というのが、この一文の意味なのだ。

言うまでもなく、『起信論』が、M_2からM_1に視座を移すとき、「三界虚偽」という標語で表わされていた暗澹たる存在風景は消え、画面は暗から明に一転するであろう。だが、「アラヤ識」のその明るい側面は、「不覚」論では全く問題とされないのである。

㈤「相続相」　「智相」的「妄念」は、ひとたび生起するや、果てしなく、念々に起って絶えることがない。「アラヤ識」のこの側面を「相続相」という。愛着・嫌悪の情を中心とする執念が、この段階で現われ始める。

㈥「執取《しゅうしゅ》相」　「智相」の連続の結果、虚妄の事物を真実在と思う心がますます強まり、それらにたいする執著が深まっていく。「不覚」のこの段階を「執取相」という。この段階を『起信論』のテクストは次のように描き出す。「諸々《もろもろ》の凡夫、取《しゅ》著《じゃく》転《うた》た（＝ますます）深くして、我《が》（＝主体としての自己）と我所《がしょ》（＝我がものとしての認識対象）とを計《け》し（＝やたらに構想し）、種種に妄執し、事《じ》に随って攀縁《はんえん》し（＝外界の事物事象を狂おしく追い求め）、六塵を分別す（＝感覚・知覚の対象を、それぞれ別のものとして切り離して定立する）」。

㈦「計《け》名字《みょうじ》相」　未だどこにも、これといって特別の「名」が現われていない実存意識の茫漠たる情的・情緒的空間に、様々な名称を妄計して、それを様々に区劃し、そのひとつ一つを独立の情的単位に仕立て上げていく言語機能に支配される「アラヤ識」のあり方を「計名字相」という。

万物が本源的無記名性を脱して、ひとつ一つがそれぞれの「名」と対応関係に入り、それを通じて、それぞれが排他的に相互差異性において自己同一的存在性を獲得する。それを「妄念」と見るところの「不覚」論の立場では、ものに「名」をつける人間の言語行為は、「妄念」強化の要因でしかあり得ないのである。

このことに関して「不覚」論は次のように考える。「名」としてのコトバは膠着性、あるいは染着性、を一般的特徴とする。いったん「名」がつくと、現象的存在は本来の生々とした浮動性を失って、「名」としての語の意味形象の示唆する枠に膠着してしまう。いままで生気溢れる可塑性をもって自由に浮動していた存在の無限定性が奪い去られ、万物が動きのとれない意味枠に固着して、あたかも実在するものの如くに我々の意識を支配し始める。

「計名字相」は、命名についてのこのネガティヴな見解を、特に実存的意識の情的、情緒的側面に、限定的に適用しようとするのである。

「業相」㈠を起点として生起し、「見相」㈡、「現相」㈢、「智相」㈣、と発展して来た現象界は、「相続相」㈤に至って、一応、「不覚」的展開を完了する。それは無数のものが仮現的に存立する擬似客観性の世界、仮有的存在時空の世界である。

『起信論』テクストの叙述はここから、すなわち「執取相」を境目として、現象的「有」の（擬似）客観的側面から方向を転じて、現象的事物への執着によって惹き起される実存意識の情念的、主観的、事態に分析の関心を向ける。いま我々が問題としている「計名字相」は、それの第一段階なのである。

「執取相」の段階で、「妄念」所産の現象的（仮）「有」を真実在と思いこみ、それへの執着の虜となった実存意識の奥底には、情念が湧き立っている。

次から次へ、ありとあらゆる姿の情念が実存意識の深みから湧き上ってくる、それぞれが自分の「名」を背負って。愛欲、憎悪、忿恚、侮蔑、嫉妬、懊悩、等々……。

情念が様々に名づけられるということは、それぞれが独自の言語的凝固体となるということだ(「名」の存在凝固力については右に述べた)。「名」を与えられることによって言語的凝固体になる前の無記名的浮動性にあるかぎり、一般に情念はただ漠然とした気分のようなものであって、それにはそれほど恐るべき力はない(というのが『起信論』の見方である)。ところが「名」によって固定されて、特殊化され個別化され、言語的凝固体群となるとともに、情念は我々の実存意識にたいして強烈な呪縛力を行使し始めるのだ、と考えるのである。情念のこのような言語的凝固体を、伝統的仏教の用語では「煩悩」という。

執拗な「煩悩」群の支配する狂乱の世界——そのような内的世界としての実存意識の成立に、『起信論』は「不覚」への道の至りつくところを見る。この意味で、「計名字相」は、「九相」的「不覚」論の全体的構造において特に重要な位置を占める、と私は思う。

(八)　「起業相《きごつ》」　「業」のサンスクリット原語 karman は、一般に動作、行動、働きなどを意味する。だが、上述のごとく「煩悩」に心を支配された実存的主体の場合、同じく行為とか行動とかいっても、それが極めて特殊な色合いを帯びてくることは言うまでもないだろう。

普通、仏教では人間の行為を「身・口・意」(身体を動かす動作、口を開いて言葉を発する行為、ものを思い感ずる心の動き)の三種に分けるが、そのいずれの場合でも、「煩悩」的主体の行為には、必ず因果応報的、宿命的な、成り行きという暗い影がさす。ここでいう「業《ごう》」(「カルマ」)とは、そういう意味での実存的行為の濃密な集積である。

十重二十重に「煩悩」に巻きつかれた人間主体は、生存するかぎり絶えまなく、「身・口・意」三様の「業」を重ねていく。その暗澹たる事態生起の発端を「起業相」という。

(九)　「業繫苦相《ごつけく》」　「業」は、因果応報的であることを特徴とする。執著から生じたいかなる行為も、必ず、それに応じた結果を産む。数かぎりない「業」の重なりの果報を受けて、人は実存的「苦」に曳きずり込まれ、遁れがたくそれに繋縛される。「業繋苦相」――これが「不覚九相」の最終段階である。

以上、「不覚九相」を「三細六麁」という形で分類する構造化の仕方を説明した。『起信論』には同じく「不覚」生成の段階を、これとはやや違う仕方で分類するもうひとつの構造化の方法が使われている。この第二の構造化は、「九相」の中の最後の二つ、「起業相」と「業繋苦相」を除外して最初の七相を、「意」と「意識」の二つに分けるだけで、主要部分に関するかぎり内容的には全く同じ。ただ両分類法の間には、ごく僅かなくい違いがある。その違いを左に表示しておこう。

「三細」
- ㈠「業相」
- ㈡「見相」
- ㈢「現相」

――「意」

「六麁」
- ㈣「智相」
- ㈤「相続相」
- ㈥「執取相」
- ㈦「計名字相」
- ㈧「起業相」
- ㈨「業繋苦相」

（㈥㈦）─「意識」

「意」とは、「真如」にたいする根源的無知の故に「妄念」が働く、その働きの領域を五つの側面に分けたもので、全体を「五意」と呼ぶ。この領域に起ることは、すべて深層意識的、あるいは下意識的、事態であり、従って、普通の人は、自分の心の深みにそんな事態が生起しつつあるなどということは、容易には気づかない。この意味で「意」は、『起信論』的用語法では「細」（覚知し難い微細な心作用）である。「五意」のこの「妄念」的深層性は、最後の「相続相」㈤を境界線として、表層的事態に転化する。「執取相」㈥「計名字相」㈦の二つがそれであって、それを術語的に「意識」と呼ぶ。

「意識」が表層的であるということは、それが感覚・知覚的に働く心の存在意識機能であるということ。従ってそれは、「五意」の「細」に対して、「麁（大）」であり、誰でも容易に気づき得る性質のものである。

『起信論』のテクストは、「意識」を説明して言う。実存の「妄執」がいよいよ深まって、いわゆる外境を追い求め、「六塵（前出）」を分別するようになること、それを「名づけて意識となし、また分離識と名づけ、また説いて分別事識《ふんべつじしき》とも名づく。此の識は見（＝知的迷い）と愛（＝情欲的迷い）との煩悩に依りて増長す」と。

「分離識」（＝感覚・知覚的対象をそれぞれ他から引き離し区別して立てること）とか「分別事識」とかの別名が示すように、『起信論』のこのコンテクストにおける「意識」の語は、私が本論の最初から論述してきた言語的意味分節機能という意味での「意識」と、本質的に同義であることは明らかであろう。ただ、『起信論』的術語としての「意識」は、第一に感覚・知覚的対象認識の狭い領域に限定されていること、第二にはそれが「煩悩」的主体性に基く心作用であるということ、この二点に違いがあるだけである。要するに本小論の「意識」と『起信論』的「不覚」論の術語としての「意識」とは、部分的に相覆い、部分的にくい違うということになろう。つまり、両者は互いに近いだけに、逆にかえってまぎらわしい、ということだ。だから、混乱を避けるために、本論では、『起信論』的術語としての「意識」についてはこれ以上追究することはやめて、これまで通りの意味で「意識」の語を使っていくことにしたいと思う。

XV　「始覚」と「本覚」

前章で私は「不覚」形成の意識内的メカニズムを構造論的に記述した。それによって、同時に、「不覚」とは本質的にいかなるものかということも解明されたはずである。

『起信論』によれば、我々普通人の実存様相は、たいていの場合「不覚」である。情念的生の渦に巻き込まれ、数かぎりない「煩悩」に取り押さえられて金縛りになっている人間が、実存的に「不覚」の状態にあることは、むしろ当然でなければならない。

「不覚」は、勿論、「覚」と対峙し対立する。しかしここで注意すべき最も重要な点は、「不覚」が、ひとたび形成されると、そのまま固定して不変不動になってしまうのではなく、絶えず変動し、「覚」とのあいだに微妙でダイナミックな、柔軟な関係を保つ、ということだ。両者のこの実存的・動的な相互関係を、『起信論』は、「始覚」「本覚」という新しい一対のキータームの関係として構造化する。

さて、人が実存的に「不覚」の状態にいるということは、すでに詳しく述べたように、「妄念」の所産にすぎぬ妄象的存在界を純客観的に実存するものと思いこんでそれに執着し、そのために人が自己の本性を晦冥され、自己本然のあり方から逸脱して生きている――しかも、それに気づかずに――ということ。「不覚」の真只中にいながら、それを全く自覚していない、それこそ「不覚」の「不覚」たる所以なのである。

ところが、ふと何かの機会に――実はそれは、すぐ後で説明する「本覚」からの促しによって、というのが『起信論』の見方なのだが――忽然と「不覚」の自覚が生じてくることがある。それというのは、『起信論』によれば、「本覚」としての資格で機能する「覚」は、「不覚」の状態にある人々に向って、絶えず喚びかけの信号を送り出し続けているからなのであって、もしたまたま、発信されたこの実存的信号が、心の琴線に触れることがあれば、自分の実存が「不覚」の状態に陥ちこんでいること、すなわち己れが自己本然の姿を忘れて生きていること、に気づき、慄然として、自己のあるべき姿（＝「覚」の状態）に戻ろうとする。それが、すなわち「始覚」なのである。

「始覚」は「覚」を志向する修行の道。この「始覚」的修行の道は、具体的に言えば、「煩悩」の染垢にまみれて「心」の本然的あり方とは無縁の実存を生きてきた人が、一念発起して、一歩一歩「不覚」を克服しようと努めていく行程である。はじめて発心してから、たゆみなく修行を続けて遂に本具の「自性清浄心」に還り着くその全道程を「始覚」というのである。修行の全プロセスが「始覚」なのであって、「覚」に向う最初の一歩だけを「始覚」と呼ぶのではない。

そして、「始覚」から「覚」へという、「始覚」とのこの特殊な関連において、「覚」は「本覚《ほんがく》」と呼ばれる。つまり、「始覚」的修行の終局目標として見られた「覚」を特に「本覚」と呼ぶのであって、べつに「覚」とは違った「本覚」という特別なものがあるわけではない。要するに「本覚」は「始覚」に対する関係概念、「始覚」は「本覚」に対する関係概念なのである。

右に述べたような次第で、ひとたび「始覚」のプロセスが開始されるや、「始覚」自体に内在する「覚」志向的衝迫に促されて、人は次第に「不覚」の状態から離脱していく。そして、「不覚」離脱のこのプロセスが遂に窮極の終点に達し、「不覚」が完全に克服されたとき、「本覚」の剰すところなき全開顕とともに、「始覚」は「本覚」と合一してこれに帰入してしまう。この境位を、宗教体験的には「悟り」という。

しかしこのような窮極的境位に到達することは、口で言うほど簡単ではない。いや、簡単でないどころか、それに至る道のりは、苦渋に満ちた長い行程である。

それにだいいち、「不覚」は個人個人の実存のあり方であるから、当然、様々な個人差があるし、等しく「不覚」とはいっても、粗大なものもあれば細微なものもあって、決して一様ではない。粗大・粗顕の表層的「不覚」は気づきやすく、比較的容易に克服されるが、細微なもの、すなわち深層的な「不覚」は気づき難く、従ってこれを克服することがむずかしい。

こういう事情を考慮に入れた上で、『起信論』は「本覚」に向う「始覚」の進展のプロセスを、粗から細に及ぶ四つの段階に分けて、次のように構造化する。

㈠「始覚」の初位　前章で記述した「不覚」形成過程の最後の二つ、「起業相」と「業繋苦相」では、人が身・口・意三様の「業《ごう》」集積の苦果を蒙り、「煩悩」無尽の繋縛で己れの本性を見失い、実存の苦に喘ぐ状態にあった。いま我々が主題としている「始覚」論のコンテクストでは、この実存的状態を、「不覚」の「滅相」、または「滅相」における「不覚」という。誰でもたやすく気づくことのできる最も粗大な、表層的「不覚」である。

この段階における「始覚」修行は、「前念の起悪を覚す」といって、人が過去に犯した悪業を、はっきり悪と自覚して、それ以後は同じ悪業を止滅させ、二度と起させないように努力することである。

『起信論』によれば、これは「始覚」の極めて初歩的な、微弱なものであって、ほとんど「始覚」の名に価しない、いや、実は本当はまだ「不覚」なのである、という（「雖《モ》二復名《ヅクト》一レ覚《ト》即《チ》是《レ》不覚《ナリ》」）。特定の悪業は止めるが、「煩悩」はまだ止まない。

㈡「始覚」第二段　いわゆる「人我」の見、すなわち主・客に分裂した「アラヤ識」の主体的側面を対象化し、真実在であると妄想してそれに固執する「我」の意識（「我執」）を払い棄て、そこから離脱しようとする修行の段階。主・客が自・他として対立する実存的状況において、自我意識に住著するこの側面を、「始覚」修行のコンテクストでは「アラヤ識」の「異相」と名づける。そして「異相」が完全に克服された状態での「始覚」の智恵の深まりを、特に「相似覚《そうじ》」と呼んで前後の段階から区別する。先行する第一段は、覚とはいっても、ほんの名ばかりで、むしろまだ「不覚」の領域であったが、この第二段に至って、はじめて「始覚」が本格的な一歩を踏み出すと考えられるのである。

㈢「始覚」第三段　もう何遍も繰り返したとおり、「不覚」論の立場からすれば、一切諸法は「妄念」の所産であって、悉く非実体的な妄象にすぎないのだが、それを客観的実在と誤認し、現象的存在世界を主体の外に成立している外的世界と考えてそれに執著する、いわゆる「法執」、を一挙に捨離する修行が、「始覚」の第三段階である。ここで脱却される存在執著を、「不覚」の「住相」と名づけ、その脱却が完了した状態を特に「随分覚」と呼ぶ。

(四)「始覚」第四段

さきに「不覚」の形成過程の第一段として述べた「業識」、すなわち「妄念」がまさに起動しようとする微妙な瞬間、を覚知してそれを捨離する。実存の一切の迷いの源――いわゆる「根本無明」そのもの――が、その発動の瞬間において決定的に遠離される。ここで遠離される「業識」を、「始覚」論のコンテクストにおいては特に「不覚」の「生相」と呼ぶ。

いままでの叙述ですでに明らかであると思うが、心（＝「妄念」）の初起とは、心の奥処で起る「アラヤ識」の秘めやかないとなみであって、それを遠離することは勿論、覚知することとすら、普通の人には不可能に近い。だが、もし「始覚」修行が、このほとんど不可能事に近いことを達成するならば、「滅・異・住・生」四相にわたる「不覚」離脱の修行の全過程は終了し、「始覚」は完全に「本覚」と合致し、一切は本源的覚知の中に消融してしまうのである。「生相」的側面における「不覚」の、この窮極的克服を、術語的に「究竟覚《くきようかく》」という。

ここで翻って、「始覚」と「本覚」との構造的関連性を今度は「本覚」それ自体の側から考えなおしてみよう。

先に一言したごとく、「本覚」は即ち「覚」そのものなのであって、両者のあいだには、なんら本質的あるいは根本的な違いは無い。それを、ことさらに本の字を冠して「本覚」という名称を別に立てるのは、特に「アラヤ識」的出来事としての「覚」を強調的に考えてのことなのである。「アラヤ識」的出来事としての「覚」。それは当然、現象的「有」の次元に生きて働く「覚」でなければならない。現象的「有」の存在次元は、前述の「心生滅」の世界。そこに存立する「覚」は、それ自体本性的にはいかに清浄無染であっても、現実には現象界の妄染の只中に投げ込まれ、ありとあらゆる仮現的「有」の形象に纏綿された姿でのみ現われてくる。「煩悩」無尽の「不覚」(あるいは「無明」)との深刻な関わりにおいてでなくては、つまり汚れに汚れた形においてでなくては、現実に活動することができない。

この次元における「覚」は「不覚」と、文字どおり密接不離に結びついている、と言うよりむしろ、「覚」は「不覚」と完全に合体・合一していて、少くとも表面的には全く区別がつかない。言い換えれば、現象界においては、「覚」は「覚」でありながら、しかも現実には「不覚」としての姿を取って働く、ということだ。『起信論』は、このような形で「不覚」と結びついている「本覚」を、特別に「随染本覚《ずいぜんほんがく》」と名づける。

現象的存在世界そのものの窮極的起点がコトバの原初的意味分節にあることは前に詳説したが、いま言った「随染本覚」において本源的「覚」の清浄性を幾重にも取り巻いて妄染する「不覚」的要素が完全に取り払われてしまわないかぎり、この次元で発されるコトバは、すべて「妄」的であり、藤原定家の歌論にいわゆる「蒙気さして、心底みだりがはしきおり」(『毎月抄』)のコトバなのである。

「アラヤ識」の「真・妄」二重性に依って、「真」に行くか「妄」に流れるかの分れ道に立つ根源的言語活動は、このような実存的境位に止るかぎり、「妄」的にしか働かない。本章の主題をなす「始覚」修行とは、まさに、この「心底みだりがはしきおり」のコトバを転じて、同じく定家のいわゆる「よく〳〵心をすまして、その一境に入りふしてこそ稀に……」という意識の「真」的深底に引き戻そうとする言語的意味分節修行の道程にほかならなかったのである。

右に述べたような、意識の「真」的本姿への引き戻しが、事実上可能であることを『起信論』は主張する。要するに、現象的「有」の、重層的に集積した数かぎりない意味カルマの底に深く埋れている「本覚」を、「始覚」修行の浄化作用によって洗い出すだけのことなのだ、というのである。

そしてこのことが可能なのは、現象的「有」の次元に働く「本覚」が、たとえ「アラヤ識」の群れなす妄象の只中にあって、現象的「染」にまつわりつかれ覆い隠されて、表面的には「不覚」と見まがうばかりになっているとはいえ、深層的には、実は、本来の清浄性を、そのまま、一点の損傷もなしに保持しているからである、と。

そしてこのことを納得させるために『起信論』は、「風に騒ぐ海」のイマージュを提示する。世に有名な『起信論』的比喩だ。

風に騒ぐ海。水茫々たる海面を、飆々と風が吹き渡る。吹き渡る風の動きにつれて海面は波立つ。風の動き、水の動き。二つの動きは全く同時であって、間髪を容れる余地もない、というより、二つは同じ一つの「動」なのだ。

ちなみに、このような同時性を形象化するために、イスラームの哲学者たちは、手、と指にはめた指輪の動きの同時性について語る。私が手を振る、それにつれて指輪も揺れる。手の動きと指輪の動きは全く同時であって、二つの動きのあいだには一瞬のズレもない。同じ一つの動きである。それでいて、手の動きと指輪の動きとのあいだには、時間的ならぬ構造的先行性・後行性の違いがある。吹きすさぶ風の動きと、大海の波浪との同時性もこれと同じである。

　現象的には、風の動きと水の動きとは同時的不離の関係にあって、時間の上では絶対に区別できない。だが構造上、あるいは本性上は先行・後行のズレがある。

　この比喩の内部構造を、もう少し詳しく、理論的に分析してみよう。

風に波立つ海。注意すべきは――とはいっても、実は、わざわざ指摘するまでもないことかもしれないが――現実の海の景色を描いているわけではない。「風に波立つ海」のイマージュの繰りひろげる象徴的記号空間が問題なのだ。

　この記号空間を支配する意味象徴のシステムにおいては、「風」は「動相」を意味し、「水」は「湿相」を意味する。言い換えるなら、「風」は動という様態の比喩、「水」は湿という様態の比喩なのである。

　この記号システムの構造に関するかぎり、「風」は本性的に「動」そのものであり、

「水」は本性的に「湿」。だが「水」には、もう一つの、第二次的・偶有的様態があり、それが「動相」である。

　そこで、「風」が吹くとき、すなわち「風」がその本性的様態である「動」の境位にあるとき、「水」の第二次的・偶有的様態としての「動」性が、「風」の「動」性に呼応して発動し、「風」と「水」とが同時に、同じ一つの動きとなって動く。二つの「動相」のあいだには毫末の差違もない、恰度前述の手と指輪の動きが全く一つの動きであったように。

　現象的には、「風」と「水」とは共通の「動相」を通じて不離一体の関係にあって、動きに関するかぎり全然区別できない、つまり一緒に動いている。

　だが、いま我々が論題としている象徴的記号空間においては、さっきも言ったように、「風」は本性的に「動相」そのものであり、動相だけであるのに反して、「水」の「動相」は「水」の本源的・第一次的様態ではない。だから、「風」の動きが止むということは、すなわち「風」そのものが無に帰してしまうことであり、「風」の「動相」が消えれば、同時に「水」の「動相」も消えてしまう、恰度手の動きが止まれば、そのまま自然に指輪の動きも止まってしまうように。これに反して、風が吹きやんで

「風」の「動相」が消えるとき、それにつれて「水」の「動相」だけは消えるけれども、「水」の本性的様態である「湿相」は絶対に消えない。

　現象的「有」(＝「心生滅」)の次元における「本覚」(「水」)と「不覚」(「風」)との結びつきも、まさにこのようなものである、と『起信論』は説く。千々に乱れ騒ぐ現象界の只中にあって、万象万化の存在形態の染垢に、どれほどまみれていようとも、「本覚」の本性そのものはいささかも汚されることなく、超然として自己の根源的皎潔さを守り続けている。だから、「無明の風」が止みさえすれば、直ちに本来の完全無欠な様態で顕われてくるのだ、と。

　そして、このようにして「無明・染法」の支配を完全に脱却した境位での「自性清浄心」的覚性を、特に「性浄本覚」と術語して、「煩悩」に纏綿された境位での「本覚」、前述の「随染本覚」、から区別する。

「性浄本覚」――一切の現象的「有」のしがらみを超脱して、その純粋自体性において開顕する境位での「本覚」――がいかなる特徴を示すかということを、『起信論』

は一つの無限大の明鏡に譬えて説く。

一塵の曇りもないこの宇宙大の鏡は、あらゆる存在者を映す。万象の形姿は、一物もあまさず鏡面に現われる。この鏡は、その前に来るものは何でも、映し出すのであって、例えば美しいものだけを映すわけではない。いかなる汚物でもそのままに映し出す。全てをありのままに映し出すのみなのである。

だが、それでいてその反面、(一見)実に意外なことに、輝きわたるこの明鏡の表面には、ただ一物の影もないのだ、という。なぜなら、「性浄本覚」と呼ばれるこの明鏡にとって、一切の存在の形姿は絶対に空無であり、いわゆる万物は、ひとつも真には実在しないからである。映し出さるべき何物もそこにはないのだ。「本来無一物」!

「始覚」修行の終点としての「性浄本覚」は、このような一見自己矛盾的な形態を示す。このことは、本論第二部において「如実空」と「如実不空」の自己矛盾的対立・同定関係を説いたとき、すでに予知されていたことであったはずである。あらゆるものを存在分節しながら、何ものをも存在分節しない。分節・即・無分節。この存在論的根源事態が、そのまま「性浄本覚」の構造に反照しているのである。

XVI 「熏習」的メカニズム

「覚」（悟り）と、「不覚」（迷い）とのあいだを揺れ動く実存意識、その流転（迷界の生起）・還滅（悟界の開顕）のプロセスの内的メカニズムに、『起信論』は「熏習《くんじゅう》」と称する構造論的原理を以って理論的根拠を与えようとする。

「熏習」とは何か。

「熏習」という語の文字通りの意味は、要するに俗にいう「移り香」現象ということである。そのことは前に書いた。何か強烈な匂いを発する物体のそばに、別の物体を置いたままにしておくと、いつのまにか、その第二の物体に第一の物体の匂いが染み込んで、まるでその物体自身の匂いであるかのようになってしまう、それが「熏習」だ。世間でよく人が口にする格言「朱に交われば……」はその典型的な一例。優美な詩的レトリックとしては、例えば貴《あて》なる人の袖のあたりに漂うほのかな香気と、かおり立つ梅の花とのあいだの「移り香」関係を歌う「誰《た》が袖ふれし……」等々。

論述を先に進めるに当って、『起信論』自身の言うところを聞いてみよう。曰く、「熏習の義とは、世間の衣服は実には香無きも、若し人、香を以って熏習すれば、則ち香気有るが如く、此れも（＝いま我々が問題としているアラヤ識的熏習現象も）また是《か》くの如し。真如の浄法（＝真如という清浄無垢な絶対存在）は、実には染なきも、但《た》だ無明を以って熏習するが故に、則ち染相（＝妄念的染汚の様態）有り。（反対に）無明の染法（＝無明という現象的染汚の存在）は、実には浄業（＝浄化の働き）無きも、但《た》だ真如を以って熏習するが故に、則ち浄用有り」と。

ここに引用したテクストにおいては、『起信論』は「熏習」現象を惹き起す関係二項として、「真如」と「無明」だけを挙げている。勿論、「真如」は「浄」の原理、「無明」は「染」の原理。「熏習」関係の二項を、特にこの二つに限定して論を立てることは、『起信論』の中心的関心のあり方からすれば、当然すぎるほど当然だが、しかし他面、このような特殊な関心の限定を離れて、「熏習」という現象を、より広い視点から「熏習」論一般として自由な形で考察することも可能だし、また理論的に不可避ですらあるだろうと考えられるのである。

いまここに、互いに対立する二つのもの——仮りにa・bと呼んでおこう——があるとする。aとbとが一つの力の場で対立するということは、aがbに対し、bがaに対して働きかける、力を及ぼす、ということに他ならない。いま仮りに、aが強勢、bが弱勢としよう。両者の相互関係性において、当然、aは積極的にbに働きかける。つまり、強い方からエネルギーが弱い方に向って流れていく。そしてその結果、bの内部にひそかな変質が現われ始め、bの性質は次第次第にaの性質に近付いていく。このような現象が起るとき、それを「熏習」と呼ぶのだ。

いま述べた事態を、更に一段次元を移して、言語的意味分節理論の観点から読みなおしてみよう。

a・bという二つの対立するものがある。分節論的にいえば、aは一つの言語的分節単位、bもまたもうひとつ別の言語的分節単位。従って、aにはa独特の意味の拡がり、すなわち意味領域、があり、bにはb独特の意味領域がある。

一般論として、同一の言語磁場に、二つの異なる意味領域が隣接すれば、両者相互の間に働きかけが起るのが通例である。もし一方(例えばa)が他方(例えばb)より強勢ならば、aの影響を受けたbは、限りなくaに近付いてゆき、時には完全にaに同化されてしまうにも至る。またそこまで行かないにしても、bの意味領域に様々な内的変化が起る。例えば意味領域を構成する諸要素の或るものが消えて、新しい要素が入ってくるとか、既存の要素の配置替えが起るとか。このような意味領域の内的変化または同化現象が、すなわち、意味分節理論の観点から見た「熏習」現象である。

「熏習の義」についての一般論的考察をこの辺で切り上げて、『起信論』の展開する限定的「熏習」論の具体的場面に戻ることにしよう。

先刻触れたように、『起信論』は「熏習」関係に立つ対立二項（a・b）を、「真如」と「無明」に限定して立論する。但し、この「真如」・「無明」という言葉を我々が理解するに当って、よく注意しなければならない問題がある。それは、「真如」とか「無明」とかいっても、先に第一部・第二部で述べたような形而上学次元での「真如」なり「無明」なりではないということである。形而上学の次元では、「真如」・「無明」間の相互影響などということは生起しようがないのだ。

そうではなくて、ここで問題となっている「真如」（a）・「無明」（b）は、前にも一言したとおり、現象的「有」の存在次元における人間個人の実存のあり方に関わる事態である。言い換えれば、この場合、aとbとは互いに離れて別々に外在的に存立し対峙している二要素ではなくて、同じ一個の人間の実存の意識野の内的対立要素、つまり一個人の「アラヤ識」自体の二側面なのであって、a・b間の相互「熏習」は、同一の「アラヤ識」そのものを生起の場所とする作用・反作用の内的ドラマなのである。

だから、「真如」といっても、それは形而上学的絶対性における「真如」ではなく、相対的な、すなわち個人個人で強弱様々にエネルギーの度合を異にする、実存意識的「真如」であり、だからこそ、対立する「無明」よりも強かったり弱かったりするのである。もし形而上学的意味での「真如」だったら、個人的差などということは、およそあり得ないであろう。

こう考えると、「熏習」論のコンテクストでは「真如」「無明」というより、むしろ厳密には「覚」「不覚」間のダイナミックな相互関係とすべきである、ということが明らかとなる(但し本小論では、『起信論』の用語法に従って、「熏習」関係のa項を「真如」、b項を「無明」と名づけて論述を進めることにする)。

『起信論』の「熏習」概念の重大な特徴として、どうしてもここで指摘しておかなくてはならないことがもう一つある。それは、『起信論』の思想は、「熏習」に対して「反熏習」または「逆熏習」とでも呼ぶべき現象を認めること、そしてそれが「熏習」構造の本質的な一側面とされる、ということである。「熏習」があれば、必ずそれに対応して「逆熏習」がある。ちょっと見ると何でもないことのようだが、それが『起信論』的「熏習」概念の決定的に重要な特徴をなすのだ。

いま、aを「熏習」する側（いわゆる「能熏」）、bを「熏習」される側（いわゆる「所熏」）としよう。同じ仏教の内部でも、例えば唯識哲学などでは、aはどこまでも「能熏」であって、決して「所熏」にはならず、bはあくまで「所熏」であって、絶対に「能熏」にはなり得ない。ところが『起信論』では、a・bは、それぞれ、自由に「能熏」「所熏」の位置を替える。具体的に言うと、「真如」が「能熏」、「無明」が「所熏」とはきまっていない。「無明」が「能熏」となり、「真如」が「所熏」となることもある。唯識哲学では、このような「能熏」「所熏」の交互性は認められない。

だいいち、唯識においては、「無明」は「能熏」として働くのみで、「所熏」とはならない。そればかりか、「真如」のほうは全く「熏習」に関わるところがない、つまり「真如」は、「能熏」にもならず「所熏」にもならぬ、とされる。これに反して『起信論』では、いま言ったように、「真如」も「無明」も、それぞれが、「能熏」となり「所熏」となる。換言すれば、aとbとのあいだに、「能・所」交替の無礙自在な記号的流動性が成立するものと考えられている。

以上、我々は『起信論』的「熏習」概念の顕著な特性として、三つの基本的事実を確認することが出来た。

㈠『起信論』の説く「熏習」構造は、一般的・無限定的「熏習」ではなくて、その関係二項（a・b）を「真如」（すなわち「覚」）と「無明」（すなわち「不覚」）とに限定する特殊「熏習」論であること。

㈡「逆熏習」なるものを「熏習」現象の本質的側面として認めること。

㈢「能熏」「所熏」のダイナミックな相互交替性を認めること。

これらの三点を綜合して考えることによって、我々は『起信論』が、どうして「熏習」に二つの基本的型を立てるのか、その理論的根拠をたやすく把握することができる。その二つの基本的な型とは、『起信論』が㈠「染法熏習」、㈡「浄法熏習」と名づけるものである。前者が「無明」→「真如」、後者がその逆の「真如」→「無明」であることは言うまでもない。

なお、「染法熏習」と「浄法熏習」とが互いに「逆熏習」関係にあることは、これまた言うまでもなく明らかであろうが、「逆熏習」の働きはこれだけではなく、「染法熏習」・「浄法熏習」それぞれの内部構造まで、「逆熏習」の原理の支配下にあることが注意されなければならない。

すなわちaがbに「熏習」すると、当然、その結果、そこにaでもbでもない何か別の中間的事態（c）が生起する。普通の場合だと、このcはそのまま進んで次にdを生み、dはさらにeを生む、という具合に一直線に進展していくのであるが、『起信論』の思想構造では、cは生起すると同時に反転して自己の原点であるaに「逆熏習」し、その結果dを生み、そのdが新しい「能熏」となって作用し始める、という複雑なジグザグ形のコースをとって「熏習」のプロセスが進んでいくのである。

このまま抽象的な説明を続けるより、「染法熏習」「浄法熏習」を具体的に記述することによって、事態の分析を試みることにしよう。

「染法熏習」

いかなる過程によって現象的世界（＝存在の「染」の次元）が、絶対無分節者（＝絶対的に「浄」なる「真如」）から生起出現するかを、相継ぐ「熏習」の連鎖によって説明する。全コースを㈠「無明熏習」、㈡「妄心熏習」、㈢「妄境界熏習」、の三段に分ける。

第一段　「無明熏習」

「無明」こそは一切の存在的「染」の第一原因としての根源的無知（「不覚」）。それの強力なエネルギーが「真如」（＝「覚」すなわち存在の根源的一性、無差別平等性の覚知）に働きかけ作用して、「業識」（＝いわゆる「妄心」）を惹き起す。「業識」は、先に詳説したとおり、存在分節の起動点。ここで存在の意味分節が始まり、現象的「有」の世界（＝いわゆる「迷界」）が生起する。

「妄心」はそのまま前進せず、翻転して逆コースを取り、己れを生み出す源となった「無明」に反作用して次の第二段に移っていく。この「逆熏習」が『起信論』の「熏習」概念を決定的に特徴づける考え方であることは、すでに指摘した。

第二段　「妄心熏習」

第一段の「熏習」で「無明」が「真如」に作用することによって生じた「妄心」が反作用を起して「無明」に「逆熏習」し、「無明」の勢力を増長させ、そのエネルギーが「妄境界」を生み出す。これが「熏習」第二段で、「妄心熏習」と呼ぶ。

「妄境界」の語が何を意味するかは、すでに第二部で詳説した。「業識」を起点とする意識の根源的意味分節機能の働きで存在が多重多層に分節され、それらの分節された存在形象が、あたかも心外に実在する対象的事物であるかのごとく妄想されることである。要するに、「妄心」の「熏習」によってますます増長した「無明」的意識が主・客に分裂して、ここに「アラヤ識」が「アラヤ識」として成立するのだ。

第三段　「妄境界熏習」

先行する第二段の「妄心熏習」では、「無明」によって惹き起された「妄心」が、反作用で逆に「無明」に働きかけてそのエネルギーを強大にし、その結果、「妄境界」、すなわち対象的実在と見える存在形象を生み出した。

第三段では、このようにして「妄心」の「熏習」で生じた「妄境界」が、今度は反作用で能生の「妄心」に「逆熏習」してそのエネルギーを増長させ、人間的主体を限りない「煩悩」の渦巻きの中に曳きずりこみ、人生そのものを「我執・法執」(=自我への執着とものへの執着)の絡み合いの作り出す陰湿なドラマの場所と化してしまう。かくて、いわゆる現実が、重々無尽の「業《カルマ》」の実存領域として成立するに至るのである。

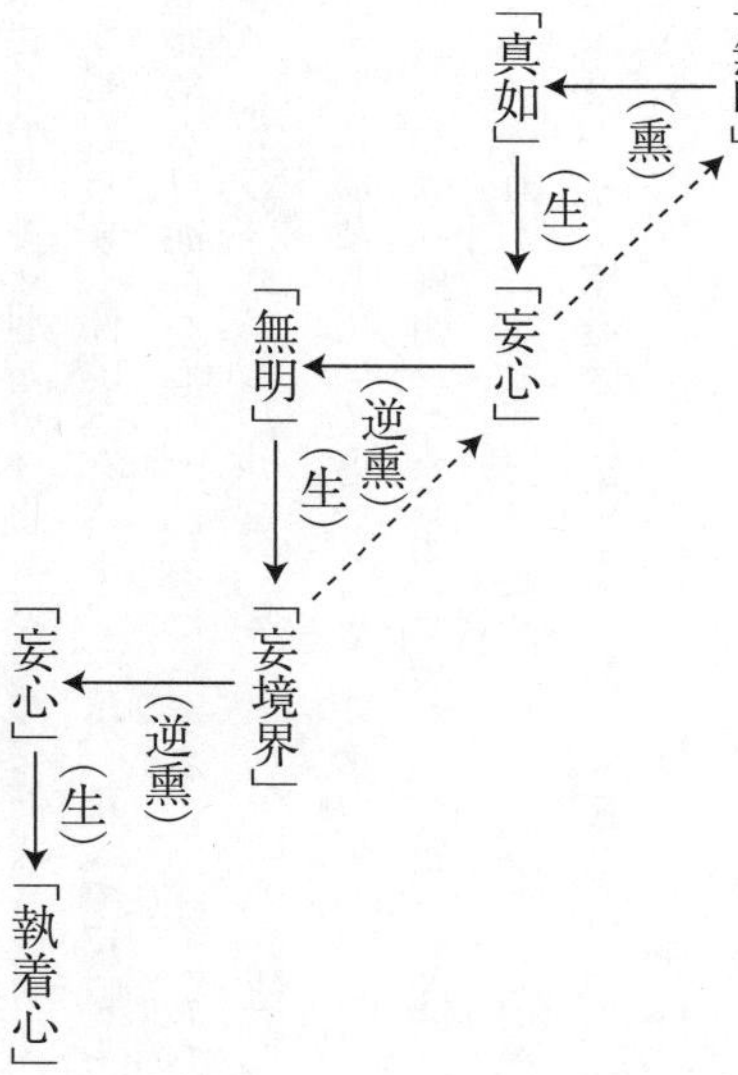

これが「染法熏習」の全コースである。それを仮りに略図化して示すならば、およそ上のような形になるであろう。

「浄法熏習」

いま述べた「染法熏習」によって「染法」すなわち

現象的事物事象の世界が不断に現起していく。しかし、それが「熏習」の終点ではない。なぜなら、人間的実存のドラマは、ここで反転し、逆コースを取って向上の道を進み始める可能性をもっているからである。すなわち、「染法熏習」に対応する反対の道、「浄法熏習」、によって、「浄法」（＝一切の染穢を超絶した浄らかな実在）の世界が、不断に現起していくということがあり得るからである。

「浄法」とは「真如」のこと、そして「真如」とは、ここでは、前に述べた「本覚」のこと。それが「無明」（＝「妄心」）に「熏習」して浄用を起していく過程を「浄法熏習」という。宗教的言葉になおして表現すれば、「悟り」が段々に現成していく道筋ということである。

この「浄法熏習」の全道程を二段に分けて、㈠「本熏」（または「内熏」）、㈡「新熏」（または「外熏」）とする。

なお、『起信論』のテクスト上では、全体が精神的・宗教的修行の段階的進展として叙述されているが、哲学的には、一切の現象的（＝妄象的）存在者が、それら全ての形而上的本源に還帰する道程として理解さるべきものである。

「本熏」（＝「内熏」）

いかにして「真如」が「無明」に熏習するのか。

『起信論』によれば、全ての人間の「妄心」の中には、常恒不変の「真如」が「本覚」として内在している。内在するこの「本覚」のエネルギーが、おのずから「無明」すなわち「妄心」に働きかけて、ここに「妄心」の浄化が起る。この内から働き出す「真如」の「熏習」作用によって、実存の主体、「妄心」は、己れが現に生きている生死流転の苦に気づき、それを厭《いと》い、一切の実存的苦を超脱した清浄な境地を求め始める。これが「真如」の先天的浄業の発現であり、具体的には「妄心」浄化への根源的第一歩である。

これが「真如」の「本熏」または「内熏」であって、またの名を「妄心熏習」ともいう。「妄心熏習」というこの名は、全く同じ名称が前述の「染法熏習」の第二段としても出てくるのですこぶるまぎらわしいが、シチュエーションが反対だから、意味内容が全然違うことは明らかであろう。すなわち、「染法熏習」の場合は、「妄心」が「無明」に「逆熏習」して「無明」がますます強化されるところを「妄心熏習」と呼び、いま論題としている「浄法熏習」の場合は、いわゆる「還滅門」（悟界開展）の一段階であって、人はまだ「染」の世界の只中にはあるが、すでに「妄心」が浄化されだして、そのために「厭求心」(＝実存の苦を厭い、浄福の楽を求める心)が起り、修行し始めないではいられなくなる境地を指す。

「新熏」(＝「外熏」)

いま述べたとおり、「真如」の内からの働きかけによって、生死の苦を厭い、救いを願い求める気持に駆り立てられて強烈な厭求心となった「妄心」が、「真如」に「逆熏習」して、人をますます修行に駆り立て、ついに「無明」が完全に消滅するに至る。前章の用語法に戻して言えば、つまり、「始覚」が完了して、完全に「本覚」と合一しきってしまうことであって、この過程を「新熏」または「外熏」というのである。

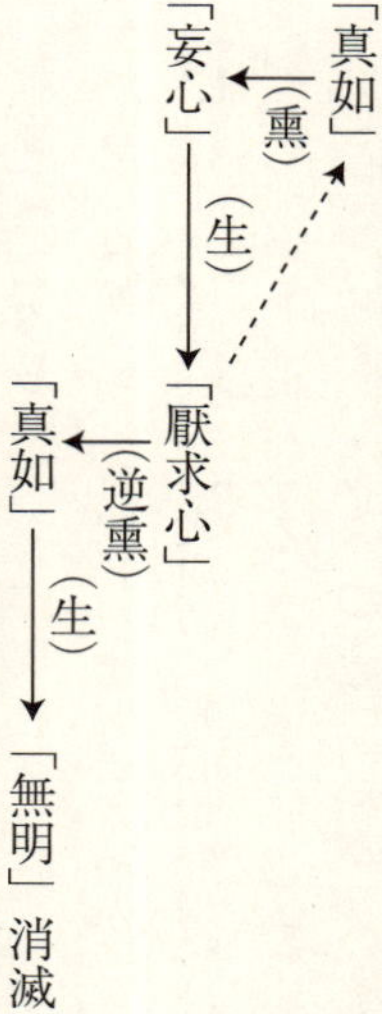

前の「染法熏習」の例にならって、いま述べた「浄法熏習」の全コースを上に略図化してみよう。

XVII　倫理学的結語

実存意識の内的機能メカニズムを主要テーマとするこの第三部は、全体を通して「覚」と「不覚」とが、互いに転成しつつ、相互循環しながら往きつ戻りつする実存的生の内的フィールドの発展道程を分析しようとするものである。「本覚」を志向する「始覚」の向上運動も、明らかにこの問題のヴァリアシオンだし、また最後の、特徴ある「熏習」論も、同じ主題を違う角度から分析しようと試みたものであって、結局、基本テーマの範囲を出てはいない。

「不覚」から「覚」へ。人は「始覚」の道を辿りつつ、「本覚」へと戻って行く、いや、戻って行かなければならない、実存意識が実存性の制約を脱却して、ついに絶対清浄なる心の本源（＝「心地」または「心源」）に辿りつくまで。『起信論』のテクストは、この境位を「究《く》竟《きょう》覚《かく》」と呼ぶ。

曰く、「心源を覚するを以っての故に究竟覚と名づく」と。より通俗的な宗教用語では、これを「悟り」への道という。

だが、それにしても、実に長く険しい道のりだ、「究竟覚」を達成するということは。『起信論』の語る「究竟覚」の意味での「悟り」を達成するためには、人は己れ自身の一生だけでなく、それに先行する数百年はおろか、数千年に亙って重層的に積み重ねられてきた無量無数の意味分節のカルマを払い捨てなければならず、そしてそれは一挙に出来ることではないからである。

かくて、一切のカルマを棄却し、それ以前の本源的境位に帰りつくためには、人は生あるかぎり、繰り返し繰り返し、「不覚」から「覚」に戻っていかなくてはならない。「悟り」はただ一回だけの事件ではないのだ。「不覚」から「覚へ」、「覚」から「不覚」へ、そしてまた新しく「不覚」から「覚」へ……。「究竟覚」という宗教的・倫理的理念に目覚めた個的実存は、こうして「不覚」と「覚」との不断の交替が作り出す実存意識フィールドの円環運動に巻き込まれていく。

この実存的円環行程こそ、いわゆる「輪廻転生」ということの、哲学的意味の深層なのではなかろうか、と思う。

「不覚」から「覚」、「覚」から「不覚」……。
「輪廻」の円環は、いつまでも、どこまでも、めぐりめぐる。

実存意識が、ついに絶対的「覚」に到達し、意識の真に本源的な境位、「自性清浄心」、が最後的な形で現成しおわったとき、そのときにのみ、円環は閉止され、形而上学的意味での「終末」の時が来る。

そして、そのとき、絶対的「覚者《ブッダ》」が誕生する。こうして、『起信論』の構想する倫理学的修行の道は最終点に達するのだ。

この修行の全行程を一応記述し了ったいま、それを機として、私も小論の稿を閉じ、ここに筆を擱く。

東洋哲学 覚書
意識の形而上学――『大乗起信論』の哲学
一九九三年三月 中央公論社刊

情熱の形而上学

池田晶子

八三年に、井筒氏の新著、「精神的東洋を索めて」と副題が添えられたその本、『意識と本質』に出会ったときの衝撃は大きかった。

私は、大学の哲学科で、西洋近現代の哲学をいちおう学んではいたけれど、いわゆる「大学の」哲学講義という形式に飽き足らないという理由によるのみでなく、西洋哲学一般に共通する分析的傾向に、一種のもどかしさを常に覚えていた。

むろん、分析性は、理解するために有効なひとつの方法ではあるけれど、それは、あらかじめ「全体」を捉え、「全体」を理解するための分析なのだということが自覚されているのでなければ、理解ということの意味を、そもそも為し得ないのではなかろうか。「全体」を忘れ、分析のための分析を重ねるうちに、バラバラになってしまった断片群を、さてどうやって元に戻そうかと考えあぐねるといったような知性の用い方に、違和感を覚えていた私にとって、井筒氏の著作は、言ってみれば、（私の）

直観の引き金を引くものだった。そして、同時にそれは、そのように本質を直観した意識にとっては、東洋も西洋も、もはや、(あって) ないのだと知ることでもあった。

「後記」で、氏は、こんなふうに言う。

〈東と西との哲学的関わりというこの問題については、私自身、かつては比較哲学の可能性を探ろうとしたこともあった。だが実は、ことさらに東と西とを比較しなくとも、現代に生きる日本人が、東洋哲学的主題を取り上げて、それを現代的意識の地平において考究しさえすれば、もうそれだけで既に東西思想の出逢いが実存的体験の場で生起し、東西的視点の交錯、つまりは一種の東西比較哲学がひとりでに成立してしまうのだ。〉

しかし、「ひとりでに成立してしまうのだ」とは、井筒俊彦その人においてこそあり得た事態だろう。文献学的な博学や、小器用な才人なら、現代日本人の中にもいくらでもいる。しかし、意識の深層と表層とを瞬時に往還し、本質を射抜いては現象によって語るといった自在さ、まさしく躍動する実存的体験そのままを、厳密な学問として示すことのできるようなスケールをもつ人は、きわめて稀である。

しかも、厳密な学問でありながら、その語りの、流れに応じて用いられる詩的形象の鮮やかさや、何よりも、その根底で脈うつ若々しい情熱、ああ、本物の学問の言葉というのは、かくも力強くあり得るものなのか。私はすっかり魅了されてしまった。

卒業の間際になって、学問のこのような在りように出会うというのは、幸福だったのか、不幸だったのか、よくわからない。しかし、氏の言う「本質直観」の確信により地固めし、文筆の世界にいつしか入っていた私は、その後、ヘーゲルを巡る拙い論考を、同学という甘えもあって無謀にも氏にお送りしたのだが、思いもかけず御返事をいただけたことに、とにかく嬉しい思いをした。余談だが、そこには、「慶應の哲学科から、貴女のような新鋭なる哲学者が登場したことに驚きを覚えます」といった、読みようによっては意味深長な感想が記されていたのでもあった。


さて、本書『意識の形而上学――「大乗起信論」の哲学』は、ちょうど十年後、九三年の刊行である。そして、残念なことに、これが氏の最後の著作となった。

単行本の、夫人による「あとがき」によれば、「東洋哲学の共時論的構造化」をテーマとする、この「東洋哲学 覚書」は、その後、唯識哲学、華厳哲学、天台哲学と続き、さらにイスラーム哲学、プラトニズム、老荘・儒教、真言哲学と、展開されてゆく予定だったという。今さらながら、氏の衰えを知らない探究への情熱と、その視界の広大さに、感嘆せざるを得ない。

しかし、視界が広大なのは、氏にとっては当然すぎることだったろう。なぜなら、氏がその探究の情熱を傾けてきたのは、まさしく「意識」、その形而上性に他ならないからである。意識の形而上性とは、「広い」というより、むしろ「すべて」である。意識がすなわち存在であるそのゼロ・ポイントから発出し、全現象界を包摂して生成するそれは、文化的テクストに応じた顕われ方によって自身を示すのだから、意識を探究の対象とする限り、文字通り「すべての哲学」を縦横に語れるのは当然ということだろう。しかし、いかに原理的には当然とはいえ、実際にそれをやり遂げようと希う、その情熱の強靭さに、選ばれた学者の魂のありようを、まのあたりに見るような思いがする。

それはたとえば、第二部「『意識』（＝「心《しん》」）の間文化的意味論性」の章において、『起信論』における「心」の語と、現代の我々が普通に使う意味での「意識」の語が、いかに違うかを論じるような箇所である。

おそらく、氏にとっては、仏教用語における「心」と、普通に使う「意識」との異同など、直観的に自明のはずである。なのに、その異同をさらに明らかならしめるために、あえて翻訳し直して、両者を比較対照してみせるのは、「間文化的意味論の実験」のためである。

〈むしろこのホンヤク操作によって、「心」の意味領域を「意識」の意味領域に接触させ、両者のあいだに熏習関係を醸成しようとするのだ。（中略）つまり、両者の相互的働きかけの効果を考えて、「心」の意味を「意識」の意味の中に組み込んでいく。それによって、「心」は現代思想のコンテクストの中に人為的に曳き込まれて活性化し、現代思想の一環となって新しい展開を示す可能性を見出すであろうし、他方「意識」のほうも、「心」の熏習によって、その意味フィールドに広さと深さを加え、現代の我々の言語意識を、間文化的、あるいは汎文化的、アラヤ識の育成に向って深めていくであろう。〉

学者としての自身の仕事の現代的意義、強く言えばその使命を、これほどの「広さと深さ」、すなわちその確実さにおいて自覚しつつ推進している哲学者は、本当に稀有である。ましてや、「形而上学」とは「現実離れ」の別名と思い込んで笑うこの大衆の世において、このような仕事を完遂するために、どれほどの矜持と体力が必要なことだろう。

しかし、右に続けて氏はなおこのようにすら述べるのである。〈言うまでもなく、この種の間文化意味論の試みには、それがただ単発的に行われるだけでは、大した効果は望めないであろう。だがいつの日か、同様の試みが、もし巨大な規模で、自覚的・方法論的に行われることになれば、我々の言語アラヤ識は実に注目すべき汎文化性を帯びるに至るであろう。その昔、古代中国において、おびただしい数の仏教の経典や論書が組織的に漢訳された時、古典中国語に生起した間文化意味論的事態のように。またイスラーム文化史の初期、アッバース朝の最盛期、ギリシャ哲学の基本的典籍が、大規模な組織でアラビア語に翻訳された時に、同じく古典アラビア語に生じた間文化意味論性のように……〉

そして、おそらくは、我々の言語アラヤ識それ自身が、自身を自覚化することで無限に生成を重ねていくように……と続くのであろうか。全人類の全歴史を射程に入れて、なおその向こうを望見し、常にそこからこそ我々のこの文化、この現実に関わろうと立つ氏の姿勢は、それを見る者に、逆に一種の壮大な目眩のようなものを与える。アラヤ識こそが真に生成するものであると知ったとき、もはや「我々」とは誰のことなのだろうか。

存在の実相は、それを知ろうとするほど玄妙不可思議であると知られる。人が、それを知ることに、かくまで情熱を傾け得るのも、それを知り得ないと知っているからであるとは、既にして存在の逆説のうちにある。しかし、これからの文化、これからの「我々」に必要なのは、この存在の逆説的構造を知り、それを自覚的に生きること以外ではないはずである。

「主観」は主観として動かず、「客観」も客観として固定しているといった、いわゆる近代的世界観は、至るところで破綻している。世界も、また他でもない我々の人生も、本来はそのようなものではあり得ないということを、人はどこかで知っているのである。しかし、それを「東洋回帰」として唱導するのは易しい。むしろ時には危険でさえある。たとえば様々な新興宗教が、思惟を経ない信仰を強要するといったことがそれである。

稠密な思惟を経たのちの、「東洋」、すなわち全体としての「存在」を指さす井筒氏の仕事が、これからさらに重要となるべき時期である。なるほど、人類総体としての

「業《カルマ》」のようなものがあるとして、我々は既に取返しようもなく滅びつつあるのだとすれば、なおのこと、怜悧な情熱によって問われなければならないだろう。現象としての我々にとって、永劫不滅の「存在」とは何か、思惟はいよいよ深まるはずである。

（文筆家）

ヤ　行

ラ～ワ行

タ 行

ナ 行

サ　行

事項索引

ア　行

中公文庫

東洋哲学覚書《とうようてつがくおぼえがき》
意識《いしき》の形而上学《けいじじょうがく》
──『大乗起信論《だいじょうきしんろん》』の哲学《てつがく》

2001年9月25日　初版発行
2025年10月30日　9刷発行

著　者　井筒《いづつ》俊彦《としひこ》

発行者　安部順一

発行所　中央公論新社
〒100-8152　東京都千代田区大手町1-7-1
電話　販売 03-5299-1730　編集 03-5299-1890
URL https://www.chuko.co.jp/

印　刷　三晃印刷
製　本　フォーネット社

Published by CHUOKORON-SHINSHA, INC.
Printed in Japan　ISBN978-4-12-203902-5 C1115

中公文庫既刊より

各書目の下段の数字はISBNコードです。978－4－12が省略してあります。

い-25-5
イスラーム思想史　井筒俊彦
何がコーランの思想を生んだのか——思弁神学、神秘主義、スコラ神学と、三大思想潮流とわかれて発展していく初期イスラム思想を解明する。〈解説〉牧野信也
204479-1

い-25-6
イスラーム生誕　井筒俊彦
現代においてもなお宗教的・軍事的一大勢力であり続けるイスラームとは何か。コーランの意味論的分析から、イスラーム教の端緒と本質に挑んだ独創的研究。

204223-0

い-25-7
ロシア的人間　新版　井筒俊彦
千変万化するロシアの根底にあって多くの人を魅了する魂のロシアとは何か。十九世紀ロシア文学作家たちの精神史を通し、その本質に迫る。〈解説〉佐藤　優
207225-1

ま-9-5
理趣経　松長有慶
セックスの本質である生命力を人類への奉仕に振り向け、無我の境地に立てば、欲望は浄化され清浄となる。明快な真言密教入門の書。〈解説〉平川　彰
204074-8

い-23-3
蓮如　—われ深き淵より—　五木寛之
焦土と化した中世の大地に、慈悲と怒りを燃やし、人間の魂の復興をめざして彷徨う蓮如。その半生を躍動する人間群像と共に描く名著。〈解説〉瀬戸内寂聴
203108-1

い-42-3
いずれ我が身も　色川武大
歳にふさわしい格好をしてみるかと思っても、長年にわたって磨き込んだみっともなさは変えられない——永遠の〈不良少年〉が博打を友を語るエッセイ集。

204342-8

い-42-4
私の旧約聖書　色川武大
中学時代に偶然読んだ旧約聖書で人間の叡智への怖れを知った……。人生のはずれ者を自認する著者が、旧約と関わり続けた生涯を綴る。〈解説〉吉本隆明
206365-5

い-83-1
考える人 口伝《オラクル》西洋哲学史
池田晶子
学術用語によらない日本語で、永遠に発生状態にある哲学の姿をそこなうことなく語ろうとする、〈哲学の巫女〉による大胆な試み。〈解説〉斎藤慶典
203164-7

う-16-3
日本人の「あの世」観
梅原猛
アイヌと沖縄の文化の中に日本の精神文化の原形を探り、人類の文明の在り方を根本的に問い直す、知的刺激に満ちた日本文化論集。〈解説〉久野昭
201973-7

う-16-4
地獄の思想 日本精神の一系譜
梅原猛
生の暗さを凝視する地獄の思想が、人間への深い洞察と生命への真摯な態度を教え、日本人の魂の深みを形成した。日本文学分析の名著。〈解説〉小潟昭夫
204861-4

か-3-2
論語
貝塚茂樹 訳注
新解釈を交えつつ、新注・古注に照らして懇切な解説を付した完訳版。情味豊かな訳文や解説から、人間・孔子が見えてくる。〈巻末エッセイ〉倉橋由美子
206848-3

き-3-7
ものぐさ精神分析 増補新版
岸田秀
日本を精神分裂病質であると診断した「日本近代を精神分析する」以下、歴史、性、そして自己についての問いに迫る五章。〈解説〉伊丹十三〈対談〉橋本治
207482-8

き-3-4
続ものぐさ精神分析
岸田秀
人間の精神の仕組を「性的唯幻論」という独自の視点からとらえ、具体的な生の諸相を鮮やかに論じる岸田心理学の実践的応用篇。〈解説〉日高敏隆
202519-6

キ-5-6
死ぬ瞬間 死とその過程について
キューブラー・ロス
鈴木晶 訳
死とは、長い過程であって特定の瞬間ではない。二百人におよぶ末期患者への直接面接取材で、〝死に至る〟人間の心の動きを研究した画期的ロングセラー。
206828-5

キ-5-7
「死ぬ瞬間」と死後の生
キューブラー・ロス
鈴木晶 訳
大ベストセラーとなった『死ぬ瞬間』の著者が語る、少女時代、医学生時代。どうして著者が死を迎える患者たちの話を聞くに至ったか等、白熱の講演を再現。
206864-3

各書目の下段の数字はISBNコードです。978-4-12が省略してあります。

キ-5-3
死、それは成長の最終段階 続 死ぬ瞬間
キューブラー・ロス
鈴木 晶 訳
無為な人生を送ってしまう原因の一つは死の否認である。明日があると思ってやるべきことを先延ばしにする人間は成長しない。好評「死ぬ瞬間」続編。
203933-9

キ-5-4
「死ぬ瞬間」をめぐる質疑応答
キューブラー・ロス
鈴木 晶 訳
死を告知された患者と、介護する家族の心構えを、簡潔な質疑応答のかたちでまとめた必読の書。「どうして私が」という当惑と悲しみをいかに克服するのか。
204594-1

さ-48-1
プチ哲学
佐藤雅彦
ちょっとだけ深く考えてみる——それがプチ哲学。書き下ろし「プチ哲学的日々」を加えた決定版。考えることは楽しいと思える、題名も形も小さな小さな一冊。
204344-2

さ-48-2
毎月新聞
佐藤雅彦
毎日新聞紙上で月に一度掲載された日本一小さな全国紙、その名も「毎月新聞」。その月々に感じたことを独特のまなざしと分析で記した、佐藤雅彦的世の中考察。
205196-6

た-77-1
シュレディンガーの哲学する猫
竹内 薫
竹内さなみ
サルトル、ウィトゲンシュタイン、ハイデガー、小林秀雄——古今東西の哲人たちの核心を紹介。時空を旅する猫とでかける、「究極の知」への冒険ファンタジー。
205076-1

の-12-3
心と他者
野矢茂樹
他者がいなければ心はない。哲学の最難関「心」にどのように挑むか。文庫化にあたり大森荘蔵が遺した書き込みとメモを収録した。挑戦的で挑発的な書。
205725-8

の-12-4
ここにないもの 新哲学対話
野矢茂樹 文
植田 真 絵
いろんなことを考えてはお喋りしあっているエプシロンとミュー。二人の会話に哲学の原風景が見える。川上弘美「『ここにないもの』に寄せて」を冠した決定版。
205943-6

せ-1-6
寂聴 般若心経 生きるとは
瀬戸内寂聴
仏の教えを二六六文字に凝縮した「般若心経」の神髄を自らの半生と重ね合せて説き明かし、生きてゆく心の拠り所をやさしく語りかける、最良の仏教入門。
201843-3

せ-1-8
寂聴 観音経 愛とは
瀬戸内寂聴
日本人の心に深く親しまれている観音さま。人生の悩みと苦難を全て救って下さると説く観音経を、自らの人生体験に重ねた易しい語りかけで解説する。
202084-9

せ-1-9
花に問え
瀬戸内寂聴
孤独と漂泊に生きた一遍上人の俤を追いつつ、男女の愛執からの無限の自由を求める京の若女将・美緒の心の旅。谷崎潤一郎賞受賞作。〈解説〉岩橋邦枝
202153-2

テ-6-1
仏の教え ビーイング・ピース ほほえみが人を生かす
ティク・ナット・ハン
棚橋一晃 訳
詩人・平和活動家として名高いヴェトナム出身の禅僧である著者が、平和に生きること、仏の教えを平易な言葉で語る。現在のこの瞬間への冒険と発見の書。
203524-9

ひ-19-1
空海入門
ひろさちや
混迷の今を力強く生きるための指針、それが空海の肯定の哲学である。人類普遍の天才の思想的核心をあくまで具体的、平明に説く入門の書。
203041-1

ひ-19-4
はじめての仏教 その成立と発展
ひろさちや
釈尊の教えから始まり、中央アジア、中国、日本へと伝播しながら、大きく変化を遂げた仏教の歴史と思想を豊富な図版によりわかりやすく分析解説する。
203866-0

ひ-19-6
般若心経 生まれ変わる
ひろさちや
自分の弱さを知り、あるがままを受け入れ無理して頑張らないで生きよう。般若心経の世界をQ&Aでわかりやすく答える。ひろさちやさんの最期のメッセージ。
207221-3

フ-10-1
ヨーロッパ諸学の危機と超越論的現象学
E・フッサール
細谷恒夫
木田元 訳
著者がその最晩年、ナチス非合理主義の嵐が吹きすさぶなか、近代ヨーロッパ文化形成の歴史全体への批判として秘かに書き継いだ現象学的哲学の総決算。
202339-0

S-18-1
大乗仏典1 般若部経典 金剛般若経／善勇猛般若経
長尾雅人
戸崎宏正 訳
「空」の論理によって無執着の境地の実現を目指す『金剛般若経』。固定概念を徹底的に打破し、「真実あるがままの存在」を追求する『善勇猛般若経』。
203863-9

各書目の下段の数字はISBNコードです。978－4－12が省略してあります。

S-18-2
大乗仏典2 八千頌般若経Ⅰ
梶山雄一 訳
多くの般若経典の中でも、インド・チベット・中国・日本など大乗仏教圏において最も尊重されてきた『八千頌般若経』。その前半部分11章まで収録。
203883-7

S-18-3
大乗仏典3 八千頌般若経Ⅱ
梶山雄一
丹治昭義 訳
すべてのものは「空」であることを唱道し、あらゆる有情を救おうと決意する菩薩大士の有り方を一貫して語る『八千頌般若経』。その後半部を収める。
203896-7

S-18-4
大乗仏典4 法華経Ⅰ
松濤誠廉
長尾雅人
丹治昭義 訳
『法華経』は、的確な比喩と美しい詩頌を駆使して、現実の人間の実践活動を格調高く伝える讃仏・信仰の文学である。本巻には、その前半部を収める。
203949-0

S-18-5
大乗仏典5 法華経Ⅱ
松濤誠廉
丹治昭義
桂紹隆 訳
中国や日本の哲学的・教理体系の樹立に大きな影響を与えた本経は、今なお苦悩する現代人の魂を慰藉してやまない。清新な訳業でその後半部を収録。
203967-4

S-18-6
大乗仏典6 浄土三部経
山口益
桜部建
森三樹三郎 訳
阿弥陀仏の功徳・利益を説き、疑いを離れることで西方極楽浄土に生まれ変わるという思想により、迷いと苦悩の中にある大衆の心を支えてきた三部経。
203993-3

S-18-7
大乗仏典7 維摩《ゆいま》経・首楞厳三昧《しゅりょうごんざんまい》経
長尾雅人
丹治昭義 訳
俗人維摩居士の機知とアイロニーに満ちた教えで、空の思想を展開する維摩経。「英雄的な行進の三昧」こそ求道のための源泉力であると説く首楞厳経。
204078-6

S-18-8
大乗仏典8 十地経
荒牧典俊 訳
「菩薩道の現象学」と呼び得る本経は、菩薩のあり方やその修行の階位を十種に分けて解き明かし、大乗仏教の哲学思想の展開過程における中核である。
204222-3

S-18-9
大乗仏典9 宝積部経典
迦葉品／護国尊者所問経／郁伽長者所問経
長尾雅人
桜部建 訳
「世界の真実を見よ」という釈尊の説いた中道思想を易しく解説し、美しい言葉と巧みな比喩によって「心とは何か」を考察する「迦葉品」。
204268-1

S-18-10
大乗仏典10 三昧王経Ⅰ
田村智淳 訳
本経は、最高の境地である「空」以上に現実世界での行為に多くの関心をよせる。格調高い詩句と比喩を駆使して、哲学よりも実践を力説する物語前半部。
204308-4

S-18-11
大乗仏典11 三昧王経Ⅱ
田村智淳
一郷正道 訳
真理は、修行によってのみ体験しうる沈黙の世界である。まさに「三昧の王」の名にふさわしく、釈尊のことばよりも実践を強調してやまない物語後半部。
204320-6

S-18-12
大乗仏典12 如来蔵系経典
高崎直道 訳
衆生はすべて如来の胎児なりと宣言した如来蔵経、大乗仏教の在家主義を示す勝鬘経など実践の主体である心を考察する深遠な如来思想を解き明かす五経典。
204358-9

S-18-13
大乗仏典13 ブッダ・チャリタ（仏陀の生涯）
原 実 訳
世の無常を悟った王子シッダルタを出家させまいと誘惑する女性の大胆かつ繊細な描写を交え、人間仏陀の生涯を佳麗に描きあげた仏伝中白眉の詩文学。
204410-4

S-18-14
大乗仏典14 龍樹論集
梶山雄一
瓜生津隆真 訳
人類の生んだ最高の哲学者の一人龍樹は、言葉と思惟を離れ、有と無の区別を超えた真実、「空」の世界へ帰ることを論じた。主著『中論』以外の八篇を収録。
204437-1

S-18-15
大乗仏典15 世親論集
長尾雅人
梶山雄一
荒牧典俊 訳
現象世界は心の表層に過ぎない。それゆえ、あらゆるものは空であるが、なおそこに「余れるもの」が基体としてあると説く世親の唯識論四篇を収める。
204480-7

し-20-5
漢字百話
白川 静
甲骨・金文に精通する著者が、漢字の造字法を読み解き、隠された意味を明らかにする。現代表記には失われた、漢字本来の姿が見事に著された好著。
204096-0

し-20-9
孔子伝
白川 静
今も世界中で生き続ける「論語」を残した哲人、孔子。挫折と漂泊のその生涯を、史実と後世の恣意的粉飾とを峻別し、愛情あふれる筆致で描く。
204160-8

各書目の下段の数字はＩＳＢＮコードです。978－4－12が省略してあります。

し-20-10 中国の神話 白川 静

従来ほとんど知られなかった中国の神話・伝説を、豊富な学識と資料で発掘し、その成立＝消失過程を体系的に論ずる。日本神話理解のためにも必読。

204159-2

S-26-1 マンガ旧約聖書1 創世記 里中満智子

ユダヤ教、キリスト教、イスラム教……三大宗教の啓典《旧約》。その荒ぶる神と翻弄される人間を描いた意欲作、待望の文庫化なる！〈解説〉石井彦壽

205974-0

S-26-2 マンガ旧約聖書2 出エジプト記／レビ記他 里中満智子

民を連れエジプトから出でよと命ずる神。出国を許さない王ファラオ。モーセは勝手な民衆を苦悩しながら導く。かくも厳しい「旧約」の世界を活写した大作！

205976-4

S-26-3 マンガ旧約聖書3 士師記／サムエル記他 里中満智子

世界の古典ともいわれる「旧約聖書」を描く最終巻。ダビデやソロモンなど「主」の恩恵で栄華を極めながらも罪を繰り返す人間たちが辿る悲運を流麗な筆致で活写！

206002-9

ト-1-8 カラマーゾフの兄弟 1 ドストエフスキー 江川 卓訳

ドストエフスキー作品の謎に最も迫った翻訳者・江川卓による魂の訳業、初文庫化。各巻に、訳者自身による詳細な注解を付す。〈解説〉江川 卓

207670-9

ト-1-9 カラマーゾフの兄弟 2 ドストエフスキー 江川 卓訳

大審問官の問い、ゾシマ長老の死……カラマーゾフ（黒塗）家の一族をめぐる壮大な愛憎劇は、やがて殺人事件へと向かう。〈巻末資料〉ドストエフスキー略年譜

207671-6

ト-1-10 カラマーゾフの兄弟 3 ドストエフスキー 江川 卓訳

カラマーゾフ家の人々の間にさまざまな思惑が入り乱れる中、ついに父フョードルが殺害される。はたして犯人は……。〈巻末資料〉ドストエフスキー著作年譜

207686-0

ト-1-11 カラマーゾフの兄弟 4 ドストエフスキー 江川 卓訳

父フョードル殺害事件の裁判が進展し、明らかになってゆくあの夜の真相。兄弟たちの運命やいかに――好評の注解付き江川訳、ついに完結。〈解説〉頭木弘樹

207695-2